CHRISTOPH SPÖCKER

PRINZ HARRY

— DIE BESTEN ANEKDOTEN AUS SEINEM LEBEN —

Bibliografische Information der Deutschen Nationalbibliothek:
Die Deutsche Nationalbibliothek verzeichnet diese Publikation in der Deutschen Nationalbibliografie. Detaillierte bibliografische Daten sind im Internet über http://d-nb.de abrufbar.

Für Fragen und Anregungen:
info@rivaverlag.de

Originalausgabe
1. Auflage 2018

© 2018 by riva Verlag, ein Imprint der Münchner Verlagsgruppe GmbH
Nymphenburger Straße 86
D-80636 München
Tel.: 089 651285-0
Fax: 089 652096

Redaktion: Manuela Kahle
Umschlaggestaltung: Isabella Dorsch
Umschlagabbildung: Getty Images/Pool
Satz: inpunkt[w]o, Haiger (www.inpunktwo.de)
Druck: Graspo CZ, Tschechische Republik
Printed in the EU

ISBN Print 978-3-7423-0632-6
ISBN E-Book (PDF) 978-3-7453-0176-2
ISBN E-Book (EPUB, Mobi) 978-3-7453-0177-9

Weitere Informationen zum Verlag finden Sie unter

www.rivaverlag.de

Beachten Sie auch unsere weiteren Verlage unter www.m-vg.de

Inhalt

Vorwort

Prinz Harry ist kein Royal von der Stange. So viel steht fest. Seit seiner Geburt vor 33 Jahren, hat ihn die Öffentlichkeit unentwegt und auf Schritt und Tritt begleitet. Als Prinz des englischen Königshauses steht er im Rampenlicht wie kaum ein anderer. Bereits als Kind wickelte er mit seinem Charme Fotografen und Volk mit Leichtigkeit um den Finger. Der tragische Tod von Lady Di hat Harrys Leben verändert. Vorerst sind sie vorbei, die unbeschwerten Tage dieses strahlenden Kindes, das an der Seite seiner Mutter die Welt beglückte. Nach einer längeren Zeit des Rückzugs kehrt der Prinz in die Öffentlichkeit zurück – doch nun erlebt die Welt einen anderen Harry. Früh schon taucht er in die Welt von Alkohol und Drogen ein – seinem Ruf als Partyprinz und Skandalnudel macht er alle Ehre, er wird zum Playboy, gerät mit Fotografen aneinander.

Doch das ist lediglich eine Seite dieses facettenreichen jungen Mannes. Harry mag ein Partylöwe sein, ja, doch ihn, wie die Medien es tun, darauf zu reduzieren, greift zu kurz. Die Berichterstattung giert nach seinen Ausschweifungen und wird dem Prinzen damit nicht gerecht. Denn er ist mehr als ein Teenager, der sich die Hörner abstößt.

Prinz Harry ist ein liebevoller Sohn und Bruder, ein wahrer Kämpfer, ein Freund, der für jeden Spaß zu haben ist, ein Kindskopf und Draufgänger. Er liebt Tiere und Kinder, und er liebt seine Familie. Besonders seine Großmutter Queen Elizabeth; beide verstehen sich trotz aller seiner Ausrutscher hervorragend.

Harry ist ein Mann, der das Leben auskostet, das ist richtig. Und es kann schon einmal passieren, dass er mit der königlichen Etikette bricht. Als Prinz allerdings lässt er es sich nicht nur selbst gutgehen. Er nutzt seine Privilegien auch, um den Schwachen dieser Welt eine Stimme zu geben. Unermüdlich ist sein Engagement für wohltätige Zwecke und soziale Projekte Er hilft und unterstützt dort, wo man sich nicht selbst helfen kann, und beweist damit, dass er sein Herz an dem rechten Fleck hat. Und ist es nicht das, worauf es im Leben ankommt? Das denkt sich vielleicht auch Meghan Markle. Sie ist die Frau, mit der Harry in Zukunft sein großes Herz und auch sein Leben teilen will. Im Mai 2018 wollen sie sich das Jawort geben. Ob dann bald königlicher Nachwuchs die Welt erfreut, bleibt abzuwarten. Aber wer weiß? Es ist gut möglich, dass bald ein neuer Prinz das Licht der Welt erblickt und sie erobert.

Ein Prinz ist geboren

Wir schreiben das Jahr 1984. Es ist ein schwieriges Jahr für das Vereinigte Königreich. Die Zahl der Arbeitslosen ist hoch. Der langwierige Bergarbeiterstreik hält die britische Wirtschaft in Atem.

Inmitten dieser Turbulenzen ist die Nachricht der bevorstehenden Geburt des zweiten Sohnes von Prinz Charles und Lady Diana Balsam für das gebeutelte Land. Am 15. September 1984 erblickt der kleine Harry in London das Licht der Welt. Der Flaum auf seinem Köpfchen ist damals noch blond, ein leichter Ton ins Rötliche ist allerdings bereits zu erkennen.

Nicht nur seine Eltern und Bruder William sind stolz auf das neue Familienmitglied. Das ganze Land feiert die Geburt des Prinzen, der in Wirklichkeit gar nicht Harry heißt. Eigentlich heißt der Kleine Henry, der Name großer englischer Könige. Sein vollständiger Titel lautet: His Royal Highness Prince Henry Charles Albert David of Wales.

Was für ein imposanter Name! Wie gut, dass der Prinz nicht viel von Etikette hält und am liebsten einfach Harry genannt werden will. Diese Bescheidenheit kann man wohl auf die eher unkonventionelle Erziehung seiner Mutter Lady Di zurückzuführen. Die Dauerpräsenz von Fotografen und Paparazzi mag ebenfalls dazu beigetragen haben, dass sich Harry wünscht, ein ganz normaler Junge zu sein. Und bereits als Dreikäsehoch beweist er Humor, wenn er den Pressevertretern rotzfrech die Zunge herausstreckt. Dennoch, die hohe mediale Aufmerksamkeit ist mitunter eine enorme Belastung. Fotografen verfolgen ihn und seine Familie auf Schritt und Tritt; wie ein Schatten, der sich unmöglich abschütteln lässt.

Vielleicht entscheidet sich Diana gerade deshalb dafür, ihre Söhne gänzlich unorthodox zu erziehen. Im Gegensatz zu ihrem Vater, Prinz Charles, werden Harry und William nicht von einer Gouvernante im Buckingham Palace unterrichtet. Auch dürfen die Prinzen, wie zwei ganz normale Kinder, einen Kindergarten im Norden Londons besuchen. Sie werden weder dorthin chauffiert noch von Kindermädchen oder Bodyguards begleitet. Ihre Mutter lässt es sich nicht nehmen, ihre Jungen persönlich in den Kindergarten zu bringen.

Da sie die beiden nicht dem permanenten Druck aussetzen will, dem royale Familien für gewöhnlich unterliegen, bricht Diana mit vielen der veralteten Traditionen und gibt einer recht formlosen Erziehung den Vorzug. Sie möchte ihre Söhne so normal wie möglich aufwachsen sehen, auch wenn sie qua Geburt alles andere als normale Jungs sind. In Harrys Fall scheint das gut funktioniert zu haben. Denn seine Kameraden in der Armee berichten später, dass der Prinz ein ziemlich bodenständiger Kerl ist.

Harry der Kämpfer

Bereits als Dreijähriger ist Prinz Harry ein echter Kämpfer. Wann immer es im Palast eine Rauferei gibt – Harry ist nicht nur mittendrin, sondern oft ihr Anstifter und derjenige, der bis zum Schluss kämpfen will, berichtet Bodyguard Ken Wharfe.

Und es zeigt sich in seiner Vorliebe für militärische Kleidung. Schon als Halbwüchsiger trägt Harry mit Vorliebe Camouflage-Outfits samt dazugehöriger Mütze und Spielzeugpistole. Kein Wunder, spielt das Militär im britischen Königshaus doch eine wichtige Rolle.

Einen solchen Narren an militärischen Dingen hat aber nur der kleine Harry gefressen. Ob Uniform, Düsenjäger oder Panzer, der Prinz kann gar nicht genug Militärluft schnuppern. Ein ganz besonderer Moment ereignet sich während eines Aufenthalts in Deutschland. Zusammen mit seiner Mutter besucht Harry ein britisches Regiment, das Lady Di untersteht. Während Dianas Truppeninspektion öffnet sich unvermittelt eine Kasernentür – und wer erscheint da im Laufschritt und in voller Uniform? Kein Geringerer als Prinz Harry, damals vielleicht acht oder neun Jahre alt. Zusammen mit einem Soldaten besteigt Harry freudestrahlend einen Scimitar-Panzer und darf samt taktischem Helm und sonstigem Zubehör eine Runde in dem Kettenfahrzeug drehen.

Es sind drollige Szenen, die den unschuldigen Rotschopf in ungetrübter Freude zeigen. Doch sie sind auch ein Hinweis auf Harrys Zukunft. Trotz etlicher Stolpersteine sind die Weichen für Harrys Berufsleben bereits gestellt. Der Prinz scheint geschaffen für eine militärische Laufbahn; und er weiß sehr früh bereits, dass er seinem Land einmal an vorderster Front dienen will.

So wird es später auch kommen. Es ist wohl kaum ein Zufall, dass Harry auch in der afghanischen Provinz Helmand Dienst in einem Scimitar-Panzer tun wird. Allerdings sucht man bei den Aufnahmen aus Afghanistan vergeblich die Freude auf seinem Gesicht. Harry kennt den Unterschied zwischen den Kriegsspielen kleiner Jungen und den Grausamkeiten echter Kriege.

Wasserschlacht

Im April 1993 machen Harry und William mit ihrer Mutter einen Ausflug in den beliebten Thorpe Park im Londoner Westen. Begleitet wird das Trio unter anderem vom königlichen Bodyguard Ken Wharfe, dem Manager des Freizeitparks und einem Kamerateam.

Bester Laune stürzen sich die Prinzen mit ihrer Mutter ins Vergnügen: Wildwasserbahn, Rafting, Teetassenkarussell – das ganze Programm. Harry strahlt über beide Ohren und jubelt lautstark, als er mit Diana eine steile Wasserrutsche hinunterjagt.

Auch wenn die Ehe von Lady Di und Prinz Charles bereits in der Krise steckt und allmählich dunkle Wolken am Windsor'schen Horizont aufziehen, wirken die beiden Prinzen glücklich und ausgelassen. Nicht einmal das bescheidene Londoner Wetter kann ihnen den Spaß verderben.

Den Prinzen wird an diesem Tag übrigens keine Sonderbehandlung zuteil. Auf Dianas ausdrücklichen Wunsch hin müssen sie wie andere Parkbesucher auch bei den Fahrgeschäften brav in der Schlange stehen.

Ein Höhepunkt des Tages ereignet sich, nachdem der damalige Parkmanager Colin Dawson Harry und William mit Supersoakern ausgestattet hat. Mit diesen Spritzpistolen bewaffnet, gehen die beiden Prinzen sofort zum Angriff über. Und wer wäre als Opfer besser geeignet als das wachsame Auge Ken Wharfe?

Die Prinzen stürzen sich in einem Augenblick auf den Bodyguard, in dem dieser gerade nicht so wachsam ist wie erwartet, und erwischen ihn eiskalt. Sie attackieren Wharfe heimtückisch von hinten und feuern aus allen Rohren. Doch der Bodyguard weiß sich zu wehren, entwendet den beiden eine Spritzpistole und geht unter dem lauten Gekreische der Kinder zum Gegenangriff über. Allerdings ist es nicht mehr zu verhindern, dass er triefnass in den Kensington-Palast zurückkehrt.

Ken Wharfes Engagement als königlicher Bodyguard endet im selben Jahr. Ob die Wasserschlacht mit den kleinen Prinzen der Grund dafür war?

Der Prinz, ein Kuckuckskind?

Woher bloß kommen diese roten Haare? So oder so ähnlich ist die Frage nach Harrys biologischem Vater wohl losgegangen. Vermutlich weiß niemand, was die Diskussion letztlich ausgelöst hat. Fakt ist jedoch, dass eine ganze Weile öffentlich spekuliert wurde, ob Harry der Sohn von Prinz Charles ist, oder ob Lady Di ihrem Gatten untreu war. Die Gerüchte rankten sich um eine mögliche Affäre zwischen Diana und dem Kavallerie-Offizier und Rittmeister James Hewitt.

Seit Harry den schneidigen Soldaten zum ersten Mal gesehen hat, zeigt er sich schwer von »Onkel James« beeindruckt. Hewitt unterhält sowohl Harry als auch William mit Militärgeschichten und schenkt beiden Prinzen Gehör, wenn sie von ihren Abenteuern berichten. An sich also keine große Sache, wenn da nicht diese roten Haare wären, die den Prinzen und den Offizier offensichtlich verbinden.

Dass die Affäre zwischen Diana und Hewitt wirklich bestand, kam noch erschwerend hinzu. Allerdings wollen die beiden sich erst 1986 auf einer Party kennengelernt haben. Da ist Harry bereits zwei Jahre alt und so wohl kaum der Sohn des adretten Captain Hewitt.

Die Gerüchte halten sich nichtsdestotrotz bis zum heutigen Tag. Für viele ist die Ähnlichkeit der beiden einfach zu groß. Nicht nur die flammend roten Haare, auch die Augen von Harry und Hewitt sollen angeblich zum Verwechseln ähnlich sein. Hinzu kommt die Tatsache, dass sowohl Harry als auch Hewitt ihr Leben ganz der Armee gewidmet haben und als echte Kriegshelden gelten. Wie soll Prinz Charles dagegen ankommen? Auch angesichts seiner Affäre mit Camilla. Ist es nicht Charles gewesen, der vor Lady Di eine »Affäre« hatte? Womöglich schon vor Harrys Geburt? Und hat er damit Diana nicht allen Anlass zur Untreue gegeben?

1994 stellt Hewitt in Anna Pasternaks Buch *Princess in Love* jedoch klar, dass er nicht Harrys Vater sein kann, und betont dies erneut in einem Interview 2017. Ken Wharfe bestätigt Hewitts Aussage. Auch Prinz Charles hält an dieser Version der Geschichte fest. Dennoch gibt es noch immer Zweifler, die nach wie vor Harrys rote Haare als schlagendes Argument anführen. Vielleicht sollten sie mal einen Blick auf ein älteres Foto von Dianas Bruder Charles Spencer werfen. Gut möglich, dass der Prinz seine Haarpracht von ihm beziehungsweise seiner Familie geerbt hat.

Ende der Kindheit

Harry ist inzwischen zwölf. Und schon seit Längerem steht kein guter Stern mehr über der Ehe von Charles und Diana. 1992 bereits erschien Lady Dis Biografie und löste einen Skandal aus, wie ihn das britische Königshaus lange nicht erlebt hat. Diana beschreibt in diesem Buch ihre Beziehung zu Prinz Charles erschreckend ehrlich. So ehrlich, dass sich etliche Buchhandlungen weigern, ihre Biografie zu vertreiben. Selbst der Erzbischof von Canterbury schaltet sich ein und verurteilt das Buch aufs Schärfste. Doch da ist es bereits zu spät. Die Worte sind gedruckt und im Umlauf. Nichts kann die Ehe von Lady Di und Prinz Charles noch retten.

Die folgenden Jahre zeigen eine Medienschlacht zwischen den Eheleuten, die ihresgleichen sucht. 1994 gibt Prinz Charles seine Affäre mit Camilla Parker-Bowles zu. Es ist eine harte Zeit für das britische Königshaus. Vor allem aber eine harte Zeit für Harry und William, die in den Trennungsquerelen ihrer Eltern unweigerlich zum Spielball menschlicher Unzulänglichkeiten werden.

1996 ist es dann so weit. Diana und Charles lassen sich auf Anordnung der Queen scheiden. So schmerzhaft das für die beiden Prinzen ist, die Trennung hat etwas Gutes: Jetzt, da Diana und Charles von der Last ihrer glücklosen Beziehung befreit sind, hofft man, dass die unschönen und aufreibenden Tage gezählt sind und endlich Ruhe einkehrt. Doch das Gegenteil ist der Fall.

Nach einer Phase wohl orchestrierter Medienauftritte der Prinzen, die einen Funken Normalität aufglimmen lassen, kommt es zur Katastrophe: Es geschieht am 31. August 1997. Unvergessen sind die Bilder jener Nacht in Paris. Ein schwer zerbeulter Mercedes in einer Unterführung. Blaulicht und entsetzte Gesichter. Dann die Bestätigung: Lady Diana von Wales, die Königin der Herzen, ist tot. Ihr Partner Dodi Al-Fayed und der Chauffeur des Wagens sterben noch an der Unfallstelle. Diana wurde zunächst ins Krankenhaus gebracht, erlag dort aber ihren schweren Verletzungen.

Ein Schock für das Haus Windsor, das Vereinigte Königreich, ja die ganze Welt. Vor allem aber für Harry und William. Ihre Mutter findet in jener Nacht auf tragische Weise den Tod. Von da an ist das Leben der Prinzen nicht mehr dasselbe.

Trauer

Nach Dianas Unfalltod steht die Welt, vor allem aber Großbritannien unter Schock. Vor dem Kensington-Palast, Lady Dis einstigem Wohnsitz, erstreckt sich ein gewaltiges Blumenmeer. Wohin man auch sieht, herrschen Trauer und Schweigen. Es scheint unmöglich, die richtigen Worte für diesen schmerzenden Verlust zu finden. An der Hand seines Vaters beugt sich Prinz Harry über Blumen und Zeilen der Trauernden. Er liest Beileidsbekundungen und wirkt erstaunlich gefasst für einen Jungen, der wenige Tage zuvor seine geliebte Mutter verloren hat. Wie es in seinem Inneren aussieht, lässt sich lediglich erahnen.

Die Beerdigung von Lady Di wird in alle Welt übertragen. Wie schwer muss der Trauermarsch zur Westminster Abbey für den jungen Prinzen gewesen sein? Wie unerträglich der Weg zum Sarg seiner Mutter? Tausende säumen die Straßen und weinen hemmungslos um ihre Prinzessin. Unter Tränen rufen sie den Prinzen ihren Segen zu, die an diesem traurigen Tag bewundernswert tapfer scheinen.

Nach der Beisetzung von Lady Di ziehen sich Harry und William auf Geheiß der Queen beinahe gänzlich aus der Öffentlichkeit zurück. Für sie ist nun Zeit, in aller Ruhe um ihre Mutter zu trauern.

Es bricht ein neues Kapitel in ihrem Leben an. Jetzt, da sie nur noch ihren Vater haben, wird die Beziehung der beiden Prinzen zu Charles umso wichtiger. Prinz Charles hat seine Söhne immer geliebt, als einziges verbleibendes Elternteil wird die Verbindung zu William und Harry nun ungleich inniger.

Ein Kuss von Baby Spice

Wer hätte gedacht, dass man Prinz Harry so schnell wieder lachen sieht? Nach einem Safariaufenthalt 1997 in Botswana geht es für den jungen Prinzen nach Südafrika, wo er an der Seite seines Vaters Prinz Charles eine Reihe offizieller Termine wahrnimmt.

Bei der Einweihung eines Hotels in Johannesburg steht Prinz Harry still neben seinem Vater und lauscht andächtig dem Gesang eines einheimischen Chors. Anschließend besuchen die beiden ein Wohnprojekt im Stadtviertel Hillbrow, wo vor allem Prinz Charles viele Hände schüttelt. Der nächste Programmpunkt schlägt dann aber ein wie die sprichwörtliche Bombe – und Prinz Harry strahlt vor Freude. Zusammen mit Nelson Mandela treffen die beiden britischen Prinzen die Spice Girls. Sie sind die Pop-Sensation der Neunzigerjahre, und jeder Teenager träumte davon, den hübschen Sängerinnen einmal zu begegnen und sie zum Anfassen nahe vor sich zu haben.

Für Harry geht dieser Traum nun in Erfüllung, und nicht nur das. Sofort wird er von den Spice

Girls umarmt und geherzt, darf fürs Gruppenfoto neben Posh und Baby Spice stehen. Er grinst bis über beide Ohren, als ihm Emma Bunton, auch bekannt als Baby Spice, einen Kuss auf die königliche Wange haucht. Mit Worten hält sich der Prinz zwar zurück, doch man sieht, dass er zumindest für einen Moment seine Sorgen vergessen und ein glücklicher Teenager sein kann.

Anschließend gehen Vater und Sohn gemeinsam zum Benefizkonzert der englischen Girl-Band und lassen den Abend in der warmen Atmosphäre Johannesburgs ausklingen. Harry würde vermutlich alles dafür geben, seine Mutter bei sich haben zu können. So ein Event wäre ganz nach Dianas Geschmack gewesen.

So traurig es für den Prinzen ist, dass seine Mutter ihn nicht mehr begleiten kann, so tröstet er sich doch mit dem Wissen, dass sie sich immer wünschte, er würde einmal den afrikanischen Kontinent besuchen. Mit Harrys Besuch in Botswana und Südafrika ist dieser Wunsch in Erfüllung gegangen. Und auch wenn er es zu diesem Zeitpunkt vielleicht noch nicht weiß, wird mit dieser Afrikareise seine Liebe zu diesem Land geweckt, eine Liebe, die viele tief greifende Momente für ihn bereithält.

Die wilden Jahre

Lange war Prinz Harry kaum öffentlich in Erscheinung getreten. Im Jahr 2002 sorgt er jedoch für unrühmliche Schlagzeilen. Viele erinnern sich wohl noch gut an die schrillen Artikel der Boulevardpresse. Bilder von Harrys Pub-Besuch in der Nähe seines Wohnsitzes Highgrove gehen wie ein Lauffeuer um die Welt. Nahaufnahmen des »Rattle Bone Inn« – so der Name des Pubs – flimmern durch die Abendnachrichten, während ein Sprecher theatralisch schildert, wie Harry sich dort betrunken haben soll. Doch damit nicht genug! Zu Hause soll der Prinz sogar Cannabis konsumiert haben. Da bekommt der Titel His Royal *Highness* gleich eine ganz neue Bedeutung.

Der Aufschrei in den Medien ist jedenfalls gewaltig. Ein Mitglied der königlichen Familie, das sich betrinkt, obwohl es noch minderjährig ist – Harry ist zum Zeitpunkt des Skandals erst 16. Und obendrein noch der Konsum illegaler Drogen! Ein gefundenes Fressen für jede Zeitung – und eine Story, die sich gehörig aufbauschen lässt und entsprechend ausgekostet wird.

Obwohl die Sensationsstory lediglich auf den Aussagen von Augenzeugen beruht: *Laut Au-*

genzeugenberichten soll Harry in diesem Pub Alkohol getrunken haben. So oder so ähnlich lauten die Medienberichte. Es fallen immer wieder die Wörter *angeblich* oder *mutmaßlich*.

Davon, dass Harry während der Schulferien oft allein in Highgrove ist, hört man nur wenig. Dass sein Vater häufig in offizieller Funktion unterwegs ist und der Teenager seine Mutter vermisst, danach sucht man in den meisten Berichten ebenfalls vergeblich. Für die meisten zählen lediglich der Skandal und die Schlagzeile. Die Auflage der Boulevardblättern steht im Vordergrund – nicht die Gefühle eines verwirrten und möglicherweise einsamen Teenagers.

Schließlich bestätigt Harry die Berichte, aus Gerüchten werden Fakten. Prinz Charles nimmt die Eskapaden seines Sohnes ernst und zeigt sich vor allem von Harrys Cannabis-Konsum beunruhigt. Deshalb schickt er seinen Sprössling für einen Tag in eine Rehabilitationsklinik. Dort bekommt Harry Gelegenheit, mit Heroin- und Kokainabhängigen über ihre Sucht zu sprechen. Diese Pille scheint zu wirken. Von da an zeigt sich Harry geläutert und will die Finger von diesen Drogen lassen. Es soll allerdings nicht sein letzter Skandal bleiben.

Der Prinz und die Paparazzi

Harrys Drogeneklat ist der Beginn einer Reihe von Ausrutschern und Skandälchen. Auch wenn er sich von illegalen Drogen fernzuhalten scheint, ist er dem Alkohol nicht abgeneigt. Wer kann es ihm verdenken? Schließlich hat er die ihm stets lästige Schulzeit hinter sich gelassen und ist, wie so viele in seinem Alter, auf der Suche nach Erfahrungen. Gut möglich, dass er einfach ein wenig Dampf ablassen will. Jetzt, da er volljährig ist, kann ihm das niemand mehr verbieten. Bei jedem anderen Teenager wäre das öffentliche Auge mit Sicherheit weniger aufmerksam. In Harrys Fall jedoch handelt es sich um einen Prinzen, und wenn der einmal niest, ist das einer ganzen Reihe von Zeitungen Anlass, einen reißerischen Artikel zu veröffentlichen.

Im Jahr 2004 kommt es vor dem Londoner Nachtklub »Pangea« zu hitzigen Szenen, die zugegebenermaßen mehr sind als ein königlicher Nieser. Harry ist 20 Jahre und nicht besonders *amused*, als ihn beim Verlassen des Klubs ein regelrechtes Blitzlichtgewitter empfängt. Gut möglich, dass er nicht mehr ganz nüchtern war. Zweifelsohne jedoch hat er in jener Nacht keinen Nerv für diese Paparazzi. Und verständlich ist das allemal. Wahrscheinlich kann Harry die Schlagzeilen des kommenden Morgens bereits vor sich sehen. Also drängt er sich mit seinen Bodyguards an den Fotografen vorbei und nimmt auf dem Rücksitz seiner Limousine Platz. Die Fotografen knipsen ungehemmt weiter, und es kommt der Punkt, an dem die Situation eskaliert. Vom weiteren Verlauf gibt es verschiedene Versionen.

Chris Uncle, einer der Fotografen, behauptet, der Prinz sei grundlos auf ihn losgegangen und habe ihm die Kamera mit solcher Wucht ins Gesicht gestoßen, dass seine Lippe aufplatzte. Der Sprecher des Clarence House hingegen verteidigt Harry, der Prinz soll mit einer Kamera geschlagen worden sein, stieß den Apparat von sich und verletzte so den Fotografen.

Ob Harry ausgerastet ist oder das Ganze eine ungeschickte Verkettung unglücklicher Zufälle war, sei dahingestellt. Dass einem die Hutschnur reißen kann, wenn man auf Schritt und Tritt von distanzlosen Pressevertretern verfolgt wird, ist hingegen nachvollziehbar. Insbesondere spät in der Nacht und mit eventuell dem einen oder anderen Gläschen intus.

Mogelprinz?

Gerade einmal eine Woche vor Harrys unschö-
nem Zusammenstoß mit den Paparazzi sorgte
er bereits anderweitig für peinliche Gerüchte.
Nicht um Alkohol oder Drogen ging es, nein.
Dieses Mal stand das Thema Kunst im Zent-
rum des Interesses. Nicht Kunst im eigentlichen
Sinn, sondern Kunst als Fach der renommierten
Privatschule Eton. Genauer gesagt, ist es Harrys
Abschlussprüfung dort, die das Interesse erregt.
Der Prinz hatte sich entschieden, seine A-Levels – sie entsprechen dem deutschen Abitur –
in Geografie und Kunst abzulegen. Es ist kein
Geheimnis, dass Harry kein sonderlich begeister-
ter Schüler war. Wie vielen Jugendlichen in seinem Alter liegt ihm mehr daran, Zeit mit seinen
Freunden zu verbringen, ein cooler Teenager zu
sein und Spaß zu haben. Leider lässt sich diese
Einstellung nur schwer mit dem Anspruch des
britischen Königshauses vereinbaren – mit dem
vieler Eltern übrigens ebenfalls nicht. Als Royal
jedoch kommt dem Prinzen eine Vorbildrolle zu,
so hat er gefälligst gute Noten zu schreiben.

Stellt sich also die Frage, wie, wenn es am dafür nötigen Lerneifer mangelt. Harrys Lehrerin

Sarah Forsyth hat eine Antwort auf diese Frage. Allerdings keine besonders angenehme. Sie unterstellt dem Prinzen, bei seiner Abschlussarbeit (2003) gemogelt zu haben. Schlimmer noch: Der Leiter des Kunstzweiges Ian Burke soll sie aufgefordert haben, dem jungen Prinzen beim Abschlussprojekt ein wenig unter die Arme zu greifen, so Forsyth. Da sie sich vor ihrem Vorgesetzten fürchtete, tat die Lehrerin wie geheißen. Doch ihr schlechtes Gewissen nagte an ihr, und so ging sie mit der Geschichte an die Öffentlichkeit.

So wie Ms Forsyth den Sachverhalt schildert, wäre Harry nicht in der Lage gewesen, seine A-Levels zu bestehen. Dementsprechend dürfte er auch nicht in die Militärakademie Sandhurst aufgenommen werden.

Schule und Prinz weisen diese Anschuldigungen entschieden von sich, und der Skandal hat keine weiteren Konsequenzen für Harrys künftigen Werdegang. Allerdings für den seiner Lehrerin. Nachdem die ersten Wogen geglättet sind, wird die Unruhestifterin kurzerhand gefeuert. Die offizielle Begründung lautet, sie sei für die Arbeit mit jungen Erwachsenen, wie sie in Eton ausgebildet werden, nicht geeignet.

Einige Monate später erhält Sarah Forsyth jedoch eine Entschädigung in Höhe von 45 000 Pfund, weil ihre Entlassung wohl nicht gänzlich fair gelaufen war. Was sich wirklich abgespielt hat, werden wir wohl nie erfahren.

Harrys Stellungnahme zu dem Vorfall trifft es vermutlich am besten: Den Menschen werde ständig alles Mögliche vorgeworfen, so der Prinz. Der Unterschied bei ihm sei allerdings, dass die Vorwürfe in der Öffentlichkeit breitgetreten werden. Wie recht er damit hat!

Griff ins Klo

Nachdem Prinz Harry 2004 gleich zweimal auf den Titelseiten der Boulevardblätter landete, wird es für den Rest des Jahres ein wenig ruhiger um ihn. Doch die Ruhe trügt und scheint eher ein Luftholen vor dem nächsten Sturm zu sein: Harry taucht in einer Naziuniform auf einer Kostümparty auf. Das neue Jahr 2005 ist noch nicht einmal zwei Wochen alt.

Der Fauxpas ereignet sich bei einer Geburtstagsparty seines Freundes und Namensvetters Harry Meades in Wiltshire. Gut möglich, dass sich Harry nicht allzu viel bei seiner Verkleidung gedacht hat. Womöglich wollte er einfach einen Witz machen oder ein wenig provozieren. Es ist anzunehmen, dass er dabei nicht das ganze Land und schon gar nicht die jüdische Gemeinde im Sinn hatte.

Zu dumm, dass schon bald Bilder des jungen Prinzen in der weißen Uniform von Erwin Rommels Afrikakorps samt Hakenkreuzbinde auftauchen. Wahrscheinlich hatte Harry auf der Party seines Freundes nicht mit Paparazzi gerechnet – aber die Öffentlichkeit hat ihre Augen und Ohren überall, selbst wenn keine Pressevertreter anwesend sind.

Harrys Kostümwahl zeugt weder von sonderlich gutem Geschmack noch von Fingerspitzengefühl für heikle Situationen. Peinlich allerdings wird die Angelegenheit durch den direkt bevorstehenden Jahrestag der Befreiung von Auschwitz. Angesichts dieses Timings hagelt es für den Prinzen Prügel von allen Seiten. Vor allem aus dem Lager der jüdischen Gemeinde Großbritanniens wird harsche Kritik an diesem Fehlgriff geübt. Aber auch die britischen Veteranen, die im Zweiten Weltkrieg gegen Hitlers Nazitruppen in die Schlacht zogen, zeigen sich sichtlich verstimmt über Harrys geschmacklosen Ausrutscher.

Und so mancher wirft die Frage auf, ob der Prinz – mit Blick auf diese Ereignisse – wirklich für eine militärische Karriere geeignet ist. Harry entschuldigt sich sofort und aufrichtig für seinen Fehlgriff, und die geäußerten Zweifel an seiner militärischen Eignung verlaufen bald im Sande.

Ein Prinz im vergessenen Königreich

Nach seinem Abschluss in Eton im Jahr 2003 legt Harry erst einmal ein sogenanntes *Gap Year* ein. Bevor im Jahr 2005 seine Ausbildung in Sandhurst beginnt, möchte der Prinz noch ein bisschen die Welt sehen und die eben erst gewonnene Freiheit genießen.

Daher reist er zunächst nach Australien, aber auch nach Afrika. Und zwar in das in großen Teilen noch unberührte Paradies Lesotho. Allerdings macht der Prinz dort keinen Urlaub. Nein, er arbeitet mehrere Wochen ehrenamtlich in verschiedenen Kinderheimen und engagiert sich, wie schon seine Mutter vor ihm, für das Wohl der einheimischen Bevölkerung. So idyllisch die Natur in dem kleinen Königreich sein mag, so gebeutelt sind seine Einwohner. Insbesondere die verheerend hohe AIDS-Rate macht dem kleinen Land und seiner Bevölkerung zu schaffen. Ein Drittel der Erwachsenen in Lesotho ist HIV-positiv. Entsprechend hoch ist die Zahl der Waisenkinder, die ihrerseits oft den HIV-Erreger in sich tragen.

Im Mants'ase-Waisenhaus in Mohale's Hoek lernt der Prinz den kleinen Mutsu kennen. Mutsu weiß nicht, wer Harry ist. Er hat keine Vorstellung von England oder dem britischen Königshaus. Doch der Prinz kümmert sich rührend um den vierjährigen Waisenjungen, schon bald sind die beiden unzertrennlich. Überhaupt scheint Harry im Umgang mit den Waisenkindern aufzublühen. Er spielt und scherzt mit ihnen, pflanzt mit Mutsu einen Baum und hilft bei handwerklichen Tätigkeiten rund um das Heim. Die Kinder wachsen ihm ans Herz, und er nimmt aufrichtig Anteil an ihren tragischen Geschichten.

Das Leben in Afrika ist härter als das in Europa. Die Annehmlichkeiten des Buckingham-Palasts sucht man in Lesotho vergebens. Doch Harry macht nicht den Eindruck, als würden ihm Luxus und Pomp fehlen, ganz im Gegenteil. In Lesotho kann er einmal einfach nur Harry sein. Kaum jemand interessiert sich für seinen Adelstitel, seine Skandale oder Erfolge.

Dennoch ist die Zeit in Afrika alles andere als einfach. Unvergesslich sind die Bilder des jungen Prinzen, wie er ein zehn Monate altes Mädchen in den Armen hält, das von seinem Vater vergewaltigt wurde. Die Kleine heißt Laketsu und ist in Lesotho kein Einzelfall. Viele Einheimische halten AIDS für eine Art Fluch und glauben, dass Sex mit einer Jungfrau sie von diesem Fluch befreien könne. Je jünger die Jungfrau, desto besser.

Der Prinz hört die Geschichte des Mädchens mit Tränen in den Augen und kann nicht fassen, was hier zum Alltag der Menschen gehört. Wer weiß, vielleicht ist es diese herzzerreißende Geschichte, die Harry von da an immer wieder nach Lesotho zurückkehren lässt. Vielleicht ist es die Freundschaft mit Mutsu. Vielleicht auch die Verpflichtung und der Wunsch, die Arbeit seiner Mutter fortzuführen.

Fakt ist, dass der Prinz nach seinem *Gap Year* reifer aus Afrika zurückkehrt. Sein ehrenamtliches Engagement dort setzt er weiter fort und gründet bald seine eigene Stiftung mit dem Namen *Sentebale*.

Harry der Traumprinz

Während seines *Gap Years* trifft Prinz Harry auch seine erste Liebe: Chelsy Davy. Die beiden begegnen sich während Harrys Aufenthalt in Südafrika. Es ist nicht ihr erstes Treffen. Die beiden kennen sich bereits aus »Club H«, wie Harry die Kellerbar seines Zuhauses in Highgrove nennt.

Dessen ungeachtet trifft Amors Pfeil die beiden erst Anfang 2004. Gerüchten zufolge verliebt sich Harry während ihrer gemeinsamen Zeit in Kapstadt Hals über Kopf in die strahlend blonde Millionärstochter aus Zimbabwe. Das soll er anderen Reisenden an einem Lagerfeuer in Botswana erzählt haben. So viel zur Gerüchteküche, die im Fall der Royals dazu neigt, im Handumdrehen überzukochen.

Bald schon bestätigen gemeinsame Auftritte des jungen Liebespaares die Gerüchte. Doch die Presse macht es den beiden nicht leicht. Im Gegensatz zu Prinz Williams Freundin Kate Middleton muss Harrys Freundin vonseiten der Medien viel Kritik einstecken. Genau wie er scheint sie ein richtiges Partygirl zu sein.

Chelsy teilt Harrys Vorliebe für Nachtklubs und Cocktails. Damit haben die beiden zwar gemeinsame Interessen, allerdings sind diese für so manchen Beobachter eher fragwürdig. Hat Chelsy wirklich einen guten Einfluss auf den jungen Prinzen?

Anfängliche Zweifel legen sich schon bald. Zwar bleibt die Beziehung nicht von Turbulenzen verschont, und eine Trennung der beiden steht des Öfteren im Raum, letzten Endes bleiben Harry und Chelsy aber doch sechs Jahre zusammen. Eine Zeit, in der es Chelsy gelingt, den wilden Partyprinzen zu zähmen. Zumindest ein bisschen. Darüber hinaus ist die Liebe der beiden echt. Die flotte Blondine und der Rotschopf haben tiefe Gefühle füreinander. Man sieht deutlich, wie zärtlich sie in der Öffentlichkeit miteinander umgehen.

Als Harry später nicht am Irakeinsatz seiner Einheit teilnehmen darf, ist es Chelsy, die ihn darüber hinwegtröstet. Auch den tragischen Verlust seiner Mutter verarbeitet der Prinz anscheinend besser mit Chelsy an seiner Seite. Endlich hat er eine Frau in seinem Leben, die er hingebungsvoll lieben kann wie einst seine Mutter.

Schließlich zieht Chelsy nach England, wo sie ein Studium an der Universität von Leeds aufnimmt. Doch bald darauf endet die Geschichte der beiden. Der unaufhörliche Presserummel ist für das Paar eine starke Belastung, er bricht der Beziehung wohl letztendlich das Genick. Chelsy hält die ständige Medienpräsenz und die strengen Verhaltensregeln des britischen Königshauses auf Dauer schwer aus. Spätestens die königliche Hochzeit zwischen Prinz William und Kate Middleton gibt Chelsy einen Vorgeschmack auf ihre Zukunft mit Harry. Die Aussichten scheinen ihr ganz und gar nicht zu gefallen, denn kurz nach der königlichen Hochzeit trennt sich Chelsy von Prinz Harry.

Der Prinz im Dienste Seiner Majestät

Im Mai 2005 beginnt Prinz Harrys militärische Ausbildung in Sandhurst, der königlichen Militärakademie. Die Ausbildung dort umfasst hartes körperliches Training samt Prüfungen sowie den Aufbau eines anspruchsvollen theoretischen Wissens – sie dauert 44 Wochen. In dieser Zeit ist der Prinz bei Kameraden und Vorgesetzten als Officer Cadet Wales bekannt. Insgesamt soll Harry zehn Jahre Dienst bei den Truppen leisten.

In diese Zeit fallen zwei Auslandseinsätze. Der Prinz darf seine Einheit wegen expliziter Drohungen der Taliban nicht in den Irak begleiten. Stattdessen nimmt er an zwei Auslandseinsätzen in Afghanistan teil. Am ersten allerdings top secret – unter strengster Geheimhaltung also. Als Vertreter des britischen Königshauses gilt Harry als besonders gefährdetes Ziel.

Die Annahme liegt nahe, dass Harry die Zeit am Hindukusch in einem Hochsicherheitsbunker mit allen Annehmlichkeiten verbringt. Doch weit gefehlt: Der junge Offizier fährt im Panzer mit und koordiniert als sogenannter *Forward Air Controller* die Luftschläge britischer Piloten. Er nimmt an Gefechtshandlungen teil, feuert mit MG und Raketenwerfer auf gegnerische Stellungen und ist ein fester Bestandteil seiner Einheit. Auch bei den Rationen wird ihm keine Sonderbehandlung zuteil. Harry hält sich während seiner Zeit in Helmand mit einer schmierigen Mischung aus Margarine, Marmelade und Keksen fit.

Trotz aller Entbehrungen und Grenzerfahrungen bleibt die Zeit bei der Armee für den Prinzen unvergesslich. In den Reihen seiner Kameraden ist er einfach nur Harry und kein privilegierter Prinz – genau wie er es immer gewünscht hat. Insgesamt ist der Prinz zehn Wochen in Afghanistan stationiert. 2007 verbringt er sogar Weihnachten am Hindukusch. 2008 wird der Prinz zum Lieutenant der Household Cavalry befördert und erhält die »Operational Service Medal for Afghanistan«. Seit 2017 trägt er den Rang des Captain General Royal Marines und tritt damit in die Fußstapfen seines Großvaters Prinz Philip.

Auch wenn er nach seiner Heimkehr von den Briten als Held gefeiert wird, fühlt sich der Prinz nicht als solcher. Für ihn sind seine verwundeten Kameraden die wahren Helden.

Große Gefühle

Zehn Jahre sind vergangen, seit Lady Di ums Leben kam. Zehn Jahre, in denen die Prinzen ohne ihre Mutter aufwachsen und erwachsen werden müssen. Und zehn Jahre, in denen kein Tag vergeht, an dem die Prinzen nicht an sie denken – so Harry in seiner Rede zu Lady Dianas Todestag im Jahr 2007.

Es sind hoch emotionale Momente. Der junge Prinz steht vor laufenden Kameras am Rednerpult. Er wirkt gefasst, und seine Worte sind voller Liebe und voll des Lobes für die »beste Mutter der Welt«.

Während Harry spricht und von Lady Di erzählt, herrscht absolutes Schweigen. Sein Bruder William sitzt mit gesenktem Blick auf seinem Platz und lauscht andächtig den Worten. Sie sind wohl gewählt und voller Wärme. Harry spricht über Lady Dianas Witz, ihre fürsorgliche Art und die endlose Liebe für ihre beiden Söhne. Er erzählt, wie Diana ihn und William bei allen ihren Vorhaben unterstützt und ermutigt hat.

Und er erzählt, was für ein schwerer Schlag der Tod seiner Mutter war und welch große Trauer er seither in sich trägt. Seit Dianas Tod, so Prinz Harry, ist sein Leben und das seines Bruders William nicht mehr dasselbe.

Doch etwas anderes ist es, das Harry in den Vordergrund rückt. Es geht ihm darum, wie Diana den Menschen in Erinnerung bleiben soll: nämlich als die lebenslustige, großzügige und bodenständige Frau, die sie zeit ihres Lebens gewesen ist. Sie hat ihre Söhne und so viele Menschen glücklich gemacht, so der Prinz.

Man spürt, dass er seine Worte genau so meint.

So traurig der Anlass zu dieser Rede auch sein mag, so steckt auch ein Hoffnungsschimmer in Harrys Auftritt. Denn wer ihn so am Rednerpult sieht, dem wird klar: Lady Diana lebt in ihren Söhnen weiter. Nicht nur als Erinnerung!

Vor allem Harry führt ihre Arbeit fort und bereichert die Welt mit seiner liebenswerten Art, genau wie Diana es einst getan hat.

Männerliebe

In einem Video, das 2009 im Internet auftaucht, zeigt sich der Prinz von einer bis dahin unbekannten Seite. Gefühlvoll küsst er einen anderen Soldaten auf die Wange, leckt ihm übers Gesicht und flüstert die Worte *I love you*. Einmal mehr beweist Harry sein sicheres Händchen für skandalträchtige Situationen – und löst einen weiteren Eklat aus, den das Haus Windsor lieber vermieden hätte.

Dabei ist eigentlich alles halb so wild. Hat er eben einen Mann geküsst. Macht ihn das zu einem schlechten Menschen? Zu einem Perversen? Natürlich nicht.

Auch wenn das Video für so manchen Schock gesorgt haben mag, Harrys sexuelle Orientierung kann das Skandälchen nicht infrage stellen. Im Gegenteil. Es schadet weder seinem Playboy-Image noch seiner Männlichkeit.

Zwar befand sich kein Royal vor ihm in einer vergleichbaren Situation, die Menschen aber sehen ihrem Prinzen auch diese Eskapade nach. Ja, der Prinz bekommt sogar Lob aus der Lesben-

und Schwulenszene. Der öffentliche Kuss auf die Wange seines Kameraden wird von ihnen als Zeichen seiner liberalen Einstellung gewertet. Gerade weil Harry so offensichtlich heterosexuell ist. Nach Meinung der LGBTQ-Gemeinde (LGBTQ – *Lesbian, Gay, Bisexual, Transgender and Queer*) dürften ruhig mehr Männer so freizügig mit ihren Liebesbeweisen umgehen wie Harry. Sie ist der Auffassung, dass die Welt sich zum Guten wenden könnte, wenn mehr Heterosexuelle so liberal wären wie Prinz Harry. Und damit liegen sie wahrscheinlich gar nicht so verkehrt.

Dirty Harry – ein letzter Ausrutscher?

Nein, Prinz Harry trägt keine Smith & Wesson unter seinem Jackett. Er ist auch kein Detective des San Francisco Police Departments. Nichtsdestotrotz trägt er den schillernden Spitznamen *Dirty Harry*. Und das nicht erst seit diese unangenehmen Bilder aus Las Vegas im Internet zirkulieren.

Seine diversen Skandale und vor allem sein Partyhunger haben ihm diesen Beinamen eingebracht. Da wäre zum Beispiel der Schnappschuss von ihm und ein paar Freunden. Darauf sieht man den Prinzen beim Versuch, die Brustwarze eines Kumpels abzulecken. Nicht unbedingt appetitlich oder sexy, dafür aber offensichtlich *dirty*.

Den Gipfel der Zügellosigkeiten erreichten seine Eskapaden jedoch im August 2012 in Las Vegas. Der Prinz ist in die Hauptstadt des Glücksspiels gereist, um mit seinem Freund Tom Inskip die Sau rauszulassen. Dass ihm dieser Trip derart um die Ohren fliegen wird, hat er im Vorfeld wohl nicht vermutet. Anfangs sieht das Ganze auch noch recht harmlos aus. Der Prinz lümmelt zusammen mit *Skippy*, wie er seinen alten Freund nennt, und einem Bodyguard im Pool eines privaten Bereichs des »MGM Grand Hotels«. Die Männer trinken und scherzen und flirten mit den anwesenden Ladys.

Dummerweise ist der private Pool, in dem die Herren planschen, nicht wirklich vom Rest der wilden Party getrennt, und es entstehen schon tagsüber Schnappschüsse, die zumindest Harrys Bodyguard in die Bredouille bringen dürften. Schließlich ist es seine Aufgabe, auf den Prinzen achtzugeben, statt Drinks zu schlürfen und sich zu amüsieren.

Der wirkliche Skandal ereignet sich aber erst zu späterer Stunde. Nachdem der Prinz und sein Gefolge vermutlich ganz ordentlich getankt haben, laden sie eine Gruppe Mädels in die königliche Suite ein. Dort spielt die Partymeute dann eine gepflegte Runde Strip-Billiard. An sich keine allzu große Sache. Peinlich wird die Angelegenheit erst, als eine der Frauen anfängt, mit ihrem Handy Bilder vom nackten Prinzen zu knipsen. Es gelingt ihm zwar, seine »Kronjuwelen« bedeckt zu halten. Abgesehen davon bleibt nicht mehr viel der Fantasie überlassen.

Nachdem Harrys Bodyguard die Damen samt Fotos unbehelligt verschwinden lässt, dauert es nicht lange, bis die Bilder an den Meistbietenden verkauft sind und im Internet landen. Und wieder ist es der *dirty* Prinz, der zum wer weiß wie vielten Mal ein unrühmliches Licht auf das britische Königshaus wirft.

Es scheint, als hätte das alte Sprichwort »Was in Vegas passiert, bleibt auch in Vegas« in Prinz Harrys Fall seine Gültigkeit verloren.

Zweiter Anlauf

Nach der Trennung von Freundin Chelsea fährt Harry eine ähnliche Strategie wie viele Männer. Er zieht um die Häuser und macht ordentlich einen drauf. Man sieht den Prinzen wieder häufiger in Nachtklubs, wo er mit seinen Freunden ausgelassen feiert. Natürlich sind immer wieder attraktive Damen mit von der Partie. Schließlich ist Harry ein Prinz, und als solcher steht er beim schönen Geschlecht hoch im Kurs. Besonders jetzt, da er wieder zu haben ist.

Nach einer obligatorischen Phase des Dampfablassens findet Prinz Harry aber schon bald eine neue Liebe. 2012 lernt er das Model Cressida Bonas kennen. Harrys Cousine Prinzessin Eugenie stellt die beiden einander vor, und es knistert schon bald zwischen dem Prinzen und der schönen Cressida.

Die neue Frau an seiner Seite hat passenderweise viele Gemeinsamkeiten mit Harrys Ex-Freundin Chelsy. Nicht nur optisch. Genau wie Chelsy teilt auch Cressida Harrys unkonventionelle Art und seinen Lebenshunger. Ihre Liebe für den Prinzen ist aufrichtig, und sie ist weder aus auf seinen Status noch liegt ihr etwas daran, Prinzessin zu werden. Sie will einfach nur mit Harry zusammen sein. Und zwar mit Harry dem Mann, nicht dem Prinzen. Schade nur, dass diese Unterscheidung auf Dauer nicht möglich ist, und so wird Harrys Herkunft auch ihnen zum Verhängnis.

Abgesehen von ein paar gemeinsamen Schnappschüssen gelingt es dem Liebespaar zwar, ihre Beziehung weitgehend im privaten Rahmen zu halten. Doch die Fotografen sind nie weit entfernt.

So fällt Harrys zweite große Liebe abermals dem Blitzlichtgewitter der allgegenwärtigen Presse zum Opfer. Gut möglich, dass Harry und Cressida die nächste königliche Hochzeit ausgerichtet hätten. Es hat eigentlich alles gepasst. Nur der Druck der Öffentlichkeit war wieder einmal zu groß, und Prinz Harry ist erneut einer der begehrtesten Junggesellen der Welt.

Der Liebling des Volkes

Harry ist schon als kleiner Junge ausgelassen, beweist Humor und bringt die Menschen um sich herum zum Lachen. Er hat Freude an Bewegung und treibt viel Sport. Als Prinz spielt er natürlich Polo, den Sport der Könige. Harry findet aber auch Gefallen an Rugby und fährt leidenschaftlich gern Ski.

Der Prinz von Wales hat offensichtlich jede Menge Energie, und auch der Spaß darf bei ihm nicht zu kurz kommen. Das hat er wohl seinen ungewohnt modernen Eltern zu verdanken. Im britischen Königshaus kann es bisweilen steif zugehen. Auch wenn vor allem die Queen und Prinz Philip für ihren einzigartigen Humor berühmt sind, haben die Royals schließlich einen Ruf zu wahren und müssen daher – vor allem in der Öffentlichkeit – ordentlich und diszipliniert auftreten.

Nur Harry tanzt da bisweilen ein wenig aus der Reihe. Möglicherweise hat er gerade deshalb einen ganz besonderen Platz in den Herzen des britischen Volkes. Vor allem Kinder und ältere Damen brechen spontan in Begeisterung aus, wenn sie den Prinzen bei einer Parade oder einer ähnlichen Gelegenheit zum Greifen nahe haben.

Nicht zuletzt trägt auch seine Tierliebe zu seiner Beliebtheit im Volk bei. Wer so liebevoll mit Tieren umgeht wie Prinz Harry, der muss ein großes Herz haben, denken sich wohl viele. Nur einmal kommt es bei einem Polomatch im Juli 2010 zum Eklat.

Harrys Mannschaft, das Household Cavalry Team, steht dem Poloteam der Royal Navy gegenüber. Es ist ein enges Match, doch das Household Team unterliegt letzten Endes mit einem halben Tor. Vielleicht liegt es daran, dass das Ergebnis der Partie auf Messers Schneide liegt, vielleicht geht an diesem Tag auch einfach der Ehrgeiz mit dem jungen Prinzen durch. Fakt ist jedenfalls, dass Harry sein schneeweißes Pferd derart antreibt, dass er es mit seinen Sporen an der rechten Flanke verletzt. Sofort sind die anwesenden Tierschützer zur Stelle. Laut deren Aussage soll Harry das Tier trotz offensichtlicher Verletzung schonungslos weitergeritten haben. In der offiziellen Stellungnahme aus dem St. James Palace wird der Prinz allerdings verteidigt: Das Pferd soll umgehend nach der

Verletzung behandelt worden sein. Und da ihm nichts fehlte, konnten Tier und Reiter das Spiel ohne Weiteres fortsetzen.

Ob die Verletzung nun dem Ehrgeiz des Prinzen geschuldet oder einfach nur ein Unfall war, ist im Nachhinein schwer zu sagen. Harrys Beliebtheit kann der Vorfall nicht schmälern.

Harry der Botschafter

Das Jahr 2012 ist nicht nur für Harry, sondern für das gesamte Haus Windsor ein ganz besonderes Jahr, ja, sogar für das gesamte Commonwealth. Es ist das Jahr des 60-jährigen Thronjubiläums von Königin Elizabeth. Anlässlich dieser monumentalen Feierlichkeit tritt Prinz Harry seine erste offizielle *Commonwealth Tour* an. Er ist gewissermaßen in der Funktion eines Botschafters unterwegs und vertritt niemand Geringeren als seine Großmutter, besser bekannt als Her Royal Majesty Queen Elizabeth II.

Besser könnte es für Harry kaum laufen, denn die Queen schickt ihn in die tropischen Paradiese Belize, Jamaika und auf die Bahamas. Bevor es losgeht, gibt die Queen ihrem Enkel aber noch ein paar Worte mit auf den Weg: Er solle die Reise genießen und sie stolz machen! Ersteres dürfte für den Partyprinzen kein Problem darstellen. Doch auch den zweiten Teil nimmt der 27-Jährige ernst und präsentiert sich während der gesamten Tour von seiner besten Seite. Seine humorvolle und sympathische Art kommt ihm da sehr gelegen. Sicher gebührt ihm als offiziellem Vertreter der Queen schon von Haus aus Respekt. Doch die Wärme und Herzlichkeit, mit der Harry überall empfangen wird, gehen über das übliche Maß an Respekt hinaus. Wohin er auch kommt, wird der Prinz mit offenen Armen willkommen geheißen. Egal, ob er Bob Marleys Witwe Rita in den Arm nimmt oder die damalige jamaikanische Premierministerin Portia Simpson Miller. Ob er draußen mit den Kindern spielt oder mit den Einheimischen tanzt. Wohin Harry kommt, wird ausgelassen gefeiert und herzlich gelacht.

Die Reise ist nicht nur für Harrys Begleiter und Mitarbeiter eine der schönsten Commonwealth-Touren, an denen sie in ihrer Amtszeit teilnehmen dürfen. Auch für den Prinzen ist sein erster offizieller Großeinsatz etwas ganz Besonderes. Dass er im Rahmen der Tour abends mit seinem Gefolge ein Bier trinken geht, gehört für den Prinzen einfach mit dazu. In diesen Momenten sind keine Kameras dabei, und er darf tun, was er am liebsten macht: einfach nur er selbst sein. Harrys Commonwealth-Tour ist ein voller Erfolg, und spätestens nach dieser Reise ist klar: Das einstige Enfant terrible des britischen Königshauses avanciert immer mehr zu dessen Aushängeschild.

Der schnellste Mann der Welt

Während seiner ersten Commonwealth-Tour bietet Prinz Harry der Welt ein ganz besonderes Highlight. Die Geschichte trägt sich auf der schönen Insel Jamaika zu. Mit von der Partie sind Usain Bolt, ein paar Hundert Zuschauer und natürlich His Royal Highness Prince Harry. Auch bekannt als der schnellste Mann der Welt.

Stopp, stopp, stopp! Müsste das nicht heißen: Usain Bolt, der schnellste Mann der Welt?

Nein, das hat schon alles seine Richtigkeit. Bei einem Show-Rennen in Kingston läuft der britische Prinz dem Jahrhundertsprinter nämlich kurzerhand davon.

Allerdings greift Harry dafür tief in die Trickkiste. Bevor die beiden zum angesetzten Rennen antreten, unterhalten sie sich ein wenig auf der Tartanbahn und posieren für die Kameras. Harry macht wie gewohnt seine Scherze und lenkt den Ausnahmeathleten gekonnt ab. Als Bolt kurz wegsieht, ergreift Harry die Gelegenheit und sprintet breit grinsend los, noch ehe das Startsignal fällt. Die Zuschauer lachen lauthals über den Lausbubenstreich des Prinzen.

Und Usain Bolt? Der bleibt einfach stehen, grinst und gönnt dem Prinzen seinen Spaß. Danach machen die beiden dann noch ein »faires« Rennen, streng nach den Regeln. Diesmal ist es Bolt, der sich einen Spaß erlaubt und Harry mit weitem Vorsprung gewinnen lässt.

Es sind Momente, die die Welt zum Lachen bringen. Aber auch Momente, in denen zwei ganz unterschiedliche Menschen Freundschaft schließen. Der Engländer und der Jamaikaner, der Prinz und der Sprinter. Zwei Freunde aus völlig verschiedenen Welten, die über alle Verschiedenheiten hinwegsehen und dabei ihre Gemeinsamkeiten erkennen. Die Freundschaft der beiden bleibt über die Jahre bestehen und geht so weit, dass Bolt sogar die Planung von Harrys Junggesellenabschied übernehmen will.

Als der Sprinter den Prinzen 2012 in London zu einer Revanche herausfordert, lehnt Harry jedoch trotz aller Freundschaft ab. Er sei beschäftigt, so der Prinz. Doch es gelingt ihm nicht, ein schelmisches Grinsen zu verbergen.

Scharfschütze Harry

Es ist nicht ganz klar, ob Harry während seiner Einsätze in Afghanistan auch tödliche Schüsse abgegeben hat. Seine Teilnahme an Kampfeinsätzen gegen die Taliban ist offiziell bestätigt. Es gibt Videoaufnahmen, die den Prinzen zeigen, wie er mit einem Maschinengewehr des Kalibers .50 auf feindliche Stellungen schießt.

Harry selbst sagt, er habe Talibankämpfer von seinem Apache-Hubschrauber aus abgeschossen. Der Prinz geht sogar so weit, sich und vor allem seine Daumen als nützlich für die Armee zu bezeichnen. Nicht zuletzt aufgrund der Tatsache, dass er schon vor seiner Zeit bei den Truppen ein ausgiebiges Training an der Playstation durchlaufen hat. Die Controller der Spielkonsole sollen sich laut Aussage des Prinzen nicht groß von der Bedienung der Apache-Geschütze unterscheiden.

Seinem Vater ist Harrys Ehrlichkeit diesbezüglich bisweilen ein Dorn im Auge. Er würde sich wünschen, dass sein Sohn sich öfter wie ein Prinz und nicht wie ein Soldat benehmen würde. Dabei ist es gerade das Militärleben, in dem sich Harry wohl fühlt.

Während seiner Commonwealth-Reise nach Jamaika stellt Harry seine Schießkünste vor laufenden Kameras eindrucksvoll unter Beweis. Der Kontrast zu Afghanistan könnte kaum größer sein. Auf der einen Seite die Steinwüste von Helmand, auf der anderen das üppige Grün der karibischen Insel. Ist der Prinz am Hindukusch in Gefechte mit tödlichen Konsequenzen verwickelt, schießt er auf Jamaika lediglich auf Zielscheiben aus Papier, und es geht alles ganz unblutig vonstatten.

Denn es handelt sich lediglich um eine Schießübung im Up-Park-Camp der jamaikanischen Streitkräfte, an der der Prinz im Rahmen seines Besuchs teilnimmt. Dabei zeigt Harry, dass er ein echter Scharfschütze ist. Er erzielt 29 von 30 möglichen Punkten und beeindruckt die jamaikanischen Soldaten mit dieser Leistung nachhaltig. So sehr, dass sie versprechen, die Zielscheiben des Prinzen als Souvenir zu behalten. Das würde den Taliban wohl im Traum nicht einfallen.

Der Prinz und die Queen

Das einstige Sorgenkind der Royals wird mit den Jahren zum unverzichtbaren Stützpfeiler des britischen Königshauses. Es ist vor allem Harrys unkonventionelles Wesen, das ihn für das britische Volk so nahbar macht.

Spätestens nach seiner ersten Commonwealth-Tour dürfte klar sein: Mit dem früheren Skandalprinzen wird in Zukunft zu rechnen sein. Auch der Königin entgeht das nicht. Die Queen hat wohl schon früh erkannt, welch großes Potenzial in Harry steckt. Deshalb vertraut sie ihm nach und nach immer mehr wichtige Aufgaben an. Sie gibt ihrem Enkel Verantwortung und schenkt ihm ihr volles Vertrauen.

Ja, sie hört sogar auf seinen Rat. Und zwar nicht nur im Hinblick auf sogenannte »junge« Themen wie Chats, soziale Medien oder Twitter. Auch anlässlich der Olympischen Spiele 2012 in London beherzigt die Queen Harrys Rat und erklärt sich zu einem ganz besonderen Stunt bereit.

Es sind alles andere als alltägliche Szenen, die die Queen den Kameras an diesem Tag bietet.

Seite an Seite mit James-Bond-Darsteller Daniel Craig verlässt die Königin den Buckingham-Palast und steigt in einen bereitstehenden Hubschrauber. Dann geht es in Windeseile hinüber zum Olympic Park, wo die beiden sich auf halsbrecherische Art und Weise aus dem Helikopter stürzen.

Natürlich mit einem Fallschirm auf dem Rücken – und natürlich sind es nicht wirklich Daniel Craig und die Queen, sondern zwei Stuntmen, die dann außerhalb des Stadions landen. Wenige Augenblicke später betritt die Queen die Ehrentribüne des Olympic Park. Der Jubel ist riesig, und der Pressegag hat funktioniert; auch wenn allen Anwesenden klar sein dürfte, dass da nicht wirklich die Queen aus dem Hubschrauber gesprungen ist. Harry selbst ist zwar nicht mit von der Partie, doch die einmaligen Bilder vom Fallschirmsprung der Queen verdanken wir vor allem den Überredungskünsten des Prinzen.

Walking With The Wounded

Die Zeit in Afghanistan, die Entbehrungen und die Kampfeinsätze, haben den Prinzen auf ihre ganz eigene Art geformt. Es ist wohl vor allem die Kameradschaft, die den Soldaten während der harten Auslandseinsätze Kraft gibt. Die gemeinsame Zeit bei der Truppe schweißt die Männer und Frauen zusammen wie kaum etwas anderes.

So ist es nicht verwunderlich, dass Harry auch nach den Einsätzen am Hindukusch weiterhin Kontakt zu seinen Kameraden hält. Der Prinz pflegt den Austausch mit seiner Einheit, insbesondere auch mit den versehrten und verwundeten Veteranen. Es ist keine Seltenheit, dass der Prinz die Soldaten im Krankenhaus oder während verschiedener Rehabilitationsmaßnahmen besucht und sie unterstützt.

Zum Beispiel seinen Freund Ben McBean, der im Einsatz ein Bein verloren hat. Trotz der erheblichen Einschränkung hat sich McBean vorgenommen, den Mount Everest zu besteigen. Da ist es für den Prinzen selbstverständlich, dass er seinen Freund beim Training begleitet und ihm hilft, wo er kann. Harry ist eine Art Leuchtfeuer für die Kameraden. Nicht nur für seinen Freund Ben, sondern für alle britischen Veteranen, die in der Schlacht verletzt wurden.

Genau aus diesem Grund wählten die Initiatoren des Projekts *Walking With The Wounded* Harry zu ihrem Schirmherrn. Die vier Veteranen Captain David Hewitt, Captain Guy Disney, Sergeant Stephen Young und Private Jaco Van Gass wurden alle im Afghanistan-Krieg verwundet. Doch sie lassen sich davon nicht unterkriegen und setzen sich das ehrgeizige Ziel, für einen guten Zweck zum Nordpol zu marschieren. Nicht einmal die Tatsache, dass einem der Soldaten ein Bein fehlt, kann sie von ihrem Vorhaben abhalten. Und so machen sie sich bei eisigen Temperaturen auf den Weg. Dass der Prinz sie begleitet, beflügelt die Veteranen zusätzlich. Und Harry stellt von Anfang an klar, dass er weder als Prinz noch als Sir behandelt werden will. Er ist ein Teil des Teams. Nicht mehr.

Während ihrer Zeit in der Eiswüste der Arktis wachsen die Männer zusammen. Sie schließen Freundschaft und bleiben einander verbunden, obwohl Harry wegen der Hochzeit von Kate und William nicht den ganzen Weg mitgehen kann.

Doch 2013 schließen sich die Männer erneut zu einer Expedition zusammen. Sie wollen gemeinsam den Südpol erreichen. Und diesmal kann der Prinz seine Freunde bis ans Ziel ihrer Reise begleiten und schreibt damit ein ganz besonderes Kapitel in den Geschichtsbüchern der Windsors. Harry ist das erste Mitglied der königlichen Familie, das sich den Strapazen einer solchen Expedition unterzieht. Auch wenn die eigene Familie nicht dabei ist, befindet sich Harry doch in den Reihen einer Familie: Der Prinz ist Teil des britischen Militärs, und seine Kameraden sind für ihn wie Brüder und Schwestern.

Der Prinz und der Ziegenbock

Es ist der 10. Juli 2014, und Prinz Philip gibt anlässlich seines 93. Geburtstags eine Gartenparty im Buckingham-Palast. Es versteht sich von selbst, dass zu einem solchen Anlass nur erlauchte Gäste geladen sind. Adel und High Society schlendern an diesem Tag durch die Gärten des Königspalastes und feiern ihren Prinzen.

Nur einer fehlt. Er ist ebenfalls Prinz, und er ist der Enkel des Geburtstagskindes. Es ist nicht seine Art, eine Party zu versäumen. Schon gar nicht, wenn sein eigener Großvater sie ausrichtet. Doch an diesem Tag hat Prinz Harry andere Verpflichtungen.

Anlässlich des 50. Jahrestags des Kriegsfilms *Zulu* fällt Harry die Aufgabe zu, das Königshaus bei diesem Event zu vertreten. Wie gewöhnlich brandet dem Prinzen euphorischer Jubel entgegen, als er aus seinem Wagen steigt und seinen Weg über den roten Teppich antritt. Der Prinz macht eine gute Figur in seinem schicken blauen Maßanzug und lässt es sich nicht nehmen, seinen Fans mit ebenso viel Liebe zu begegnen wie sie ihm.

Ein Fan jedoch ragt an diesem Tag unübersehbar aus der Masse heraus. Und das, obwohl er eigentlich viel kleiner ist als die meisten Zuschauer. Dafür aber hat er einen weitaus besseren Platz als die Menschen hinter den Absperrungen.

Die Rede ist von Sergeant »Jacko« Jackson. Als der Prinz ihn sieht, steuert er direkt auf den Sergeant zu, klopft ihm freundschaftlich auf die Schulter und streichelt ihn. »Jacko«, auch bekannt als Shenkin, ist kein richtiger Sergeant. Nein, er ist ein stolzer, weißer Ziegenbock und zugleich das Maskottchen des dritten Bataillons. Die Soldaten, die den Ziegenbock begleiten, tragen an diesem Tag aus gegebenem Anlass die alten Uniformen aus dem 19. Jahrhundert.

Nach einem kurzen Gespräch mit dem Bock und seinen Begleitern wird es für den Prinzen Zeit, zum offiziellen Teil überzugehen, und er verschwindet im Inneren des Kinos am Leicester Square.

Charity Events liegen Harry am Herzen. Aber wer weiß, vielleicht will der Prinz diesen Termin etwas schneller hinter sich bringen, um doch noch an der Geburtstagsparty von Prinz Philip teilnehmen zu können.

Invictus

Es ist das Jahr 2014, und Prinz Harry gelingt sein bisher wohl größter Wurf. Nach seiner Expedition zum Südpol mit zwölf versehrten Kameraden spürt der Prinz seine Verantwortung und nimmt den großen Einfluss wahr, der ihm dank seiner Position zukommt.

Die Kraft der Kriegsveteranen hat den Prinzen nachhaltig beeindruckt. Ihre Stärke, ihr Einsatz und die traurige Realität, in der viele Veteranen nach dem Krieg leben müssen, bewegen Harry dazu, seinen Einfluss zu ihrem Wohl zu nutzen. Während seiner Zeit in Afghanistan und auch danach begleitet er viele Verwundete bei ihrer Genesung. Diese Erlebnisse lassen den jungen Prinzen nicht los. 2013 nimmt er an den *Warrior Games* in den USA teil, einer Sportveranstaltung für kriegsversehrte Soldaten. Dort spürt Harry die Verpflichtung seinen Kameraden gegenüber und beschließt, ebenfalls eine paralympische Veranstaltung für kriegsversehrte Soldaten in Großbritannien ins Leben zu rufen.

Am 10. September 2014 ist es so weit. Prinz Harry eröffnet die ersten *Invictus Games* vor

Tausenden von Zuschauern im Queen Elizabeth Olympic Stadium. Mehr als 300 Soldaten aus 13 Ländern nehmen an den Spielen teil – der Großteil von ihnen sind verwundete Veteranen.

Es sind bewegende Worte, die der Prinz während der Eröffnungszeremonie spricht. Und die Spiele sind ein beeindruckendes Ereignis. Nicht nur für die Athleten, die beim Sitzvolleyball, Rollstuhlbasketball und anderen Sportarten vollen Einsatz zeigen. Und nicht nur für den Prinzen, der an vielen Wettbewerben persönlich teilnimmt. Die *Invictus Games* sind Vorbild für alle Menschen – Vorbild dafür, was wir erreichen können, wenn wir nur wollen. Selbst wenn wir körperlich beeinträchtigt sind, können wir noch immer einen Beitrag leisten. Selbst wenn wir im Rollstuhl sitzen, können wir uns einbringen und unserem Leben einen Sinn geben. Die verwundeten Soldaten machen es vor. Ihr Einsatz inspiriert und berührt jeden einzelnen Zuschauer. Man spürt die Freude, die die Athleten bei den Wettbewerben entwickeln. Gerade sie, die nach ihrer Verletzung oft an den Rand der Gesellschaft gedrängt wurden – sei es, dass sie keine Arbeit finden konnten, sei es, dass sie an chronischen Schmerzen oder psychischen Problemen leiden –, bei den *Invictus Games* finden sie ihre Aufgabe.

Die Spiele sind nicht nur eine sportliche Veranstaltung. Sie sind eine Maßnahme zur Reintegration der Versehrten in die Gesellschaft. Die Spiele mögen nur ein Wochenende dauern, doch an diesen Tagen spüren die Teilnehmer, dass sie noch immer dazugehören. An diesen Tagen sind sie die Stars, stehen im Zentrum des Interesses. Ein Erlebnis, das so manchen auch über die Spiele hinaus beflügelt.

Der Prinz, die Polizei und ein Taxi

Es passiert am 11. September 2014 in London. Vier Tage vor seinem 30. Geburtstag ist der Prinz auf dem Weg zu den *Invictus Games*. Er sitzt nichtsahnend im Fond seines Range Rovers, als urplötzlich einer der Motorradpolizisten seiner Begleitkolonne von einem Taxi erwischt wird. Der Beamte wird von seinem Zweirad geschleudert und fliegt mehrere Meter durch die Luft, ehe er hart auf der Straße aufschlägt.

Harrys Wagen ist nicht direkt in den Unfall verwickelt und sein Fahrer reagiert blitzschnell. Er beschleunigt das Fahrzeug an der Unfallstelle vorbei und bringt den Prinzen aus dem Gefahrenbereich. Als Chauffeur des Prinzen muss er selbstverständlich eine strenge Ausbildung durchlaufen und ständig wachsam sein. Woher soll er wissen, ob es sich um einen normalen Verkehrsunfall handelt oder womöglich um einen Anschlag auf Harrys Leben? Angesichts des Datums schrillen wahrscheinlich sämtliche Alarmglocken im Kopf des Fahrers. Dementsprechend gibt er Gas, und Harry ist dazu gezwungen, dem Geschehen tatenlos zuzusehen. Immer wieder blickt er fassungslos über die

Schulter nach hinten. Er will sehen, was da passiert ist, macht sich offensichtlich große Sorgen um die Unfallopfer.

Harrys erster Impuls ist es, den Wagen anzuhalten und den Verletzten zu Hilfe zu eilen. Doch dieser Gedanke wird durch das beherzte und richtige Handeln seines Chauffeurs sofort unterbunden. Ob Harry in jenem furchtbaren Moment seine Mutter in den Sinn kommt? Die schrecklichen Bilder jener schicksalhaften Nacht in Paris?

Das beteiligte Unfallfahrzeug sieht ramponiert aus. Es ist so stark verformt, dass die Rettungskräfte den Fahrer aus dem Wrack herausschneiden müssen. Aber die Unfallopfer haben an diesem 11. September großes Glück. Trotz des heftigen Zusammenpralls überleben sowohl der Fahrer des Autos als auch der Motorradpolizist den Unfall. Doch es ist nicht nur Glück, vor allem der beherzte und schnelle Einsatz der Polizei rettet den beiden vermutlich das Leben.

Nach dem nervenaufreibenden Zwischenfall kann Harrys Fahrt schließlich weitergehen, und er nimmt wie geplant an den *Invictus Games* teil.

Der 30. Geburtstag

Am 15. September 2014 wird Prinz Harry 30. Es soll eine große Geburtstagsparty geben – doch es gibt Probleme. Da es Harrys Schwägerin und Partyorganisatorin Kate Middleton schwangerschaftsbedingt nicht gut geht, muss die Feier verschoben werden. Zum Glück findet sich aber Ersatz für Kate. Ihre Schwester Pippa springt kurzerhand ein, organisiert einen Koch und sorgt dafür, dass dieser Harrys Lieblingsessen kocht. So geht letzten Endes doch alles glatt. Die Party findet zwar ein paar Tage nach Harrys Geburtstag statt, aber was soll's.

Erstaunlicherweise feiert Harry im recht kleinen Rahmen. Gerade einmal 30 Auserwählte stehen auf der Gästeliste des Partyprinzen. Sind die Tage der ausufernden Feiern etwa gezählt? Aufgrund der Startschwierigkeiten findet die Feier in Clarence House statt im Buckingham-Palast statt, doch das kann die Freude an diesem Abend kaum schmälern. Die Party steht unter dem Motto »white« und ist ganz dem Thema Skifahren gewidmet. So lässt sich der Geburtstagsprinz, umgeben von seinen Liebsten, *Beef Wellington* und *Fish Pie* schmecken. Zum

Nachtisch wird sein Lieblingsnaschwerk *Eton Mess*, eine Mischung aus Erdbeeren, Meringue und Schlagsahne serviert.

Auch wenn Harry seinen Dreißiger nicht so bombastisch zelebriert, wie es sich mancher vielleicht gewünscht hätte, muss an diesem Abend doch niemand verdursten. Prinz Charles lässt es sich nämlich nicht nehmen, feinsten Highgrove Champagner und edlen französischen Rotwein zum Fest seines Sohnes beizusteuern.

Auch Harrys Ex-Freundin Cressida Bonas und Sängerin Ellie Goulding sind an jenem Abend mit von der Partie und feiern mit ihrem Prinzen.

Harry hat an diesem Tag allen Grund, in Hochstimmung zu sein. Es ist nicht nur sein 30. Geburtstag. Er kann auch die *Invictus Games* als vollen Erfolg verbuchen. Die Spiele endeten bereits am vorherigen Sonntag mit Auftritten der Foo Fighters, der Kaiser Chiefs und Ellie Gouldings. Danach hat Harry noch mit Dave Henson, dem Kapitän der britischen Mannschaft der Games, der am selben Tag Geburtstag hat, auf die Spiele und ihren gemeinsamen Ehrentag angestoßen.

Zur Krönung des ganzen Spektakels erbt Prinz Harry zu seinem Dreißiger ganz nebenbei auch noch die stattliche Summe von 10,7 Millionen Pfund (etwa 12 Millionen Euro) aus dem Nachlass seiner Mutter. Spätestens jetzt dürften der Prinz und auch seine potenziellen Nachkommen finanziell abgesichert sein.

Crème de la Crème

Während der zweiten *Inivictus Games* in Orlando, Florida bleiben dem Prinzen solch dramatische Szenen wie die am 11. September 2014 auf den Straßen Londons zum Glück erspart. Stattdessen kommt es bei einem Galaabend zu einer Begegnung, die schon Comedy-Charakter in sich trägt.

Natürlich versammelt sich bei einem Event wie diesem alles, was Rang und Namen hat. Nicht nur die Obamas beehren den Schirmherrn und Initiator der Spiele mit ihrer Anwesenheit. Auch der ehemalige US-Präsident George W. Bush Jr. und viele weitere Prominente unterstützen und besuchen die Veranstaltung.

Unter ihnen ist auch der amerikanische Schauspieler Morgan Freeman. Während des besagten Galaabends sitzt Freeman in der ersten Reihe neben Prinz Harry, Michelle Obama und George W. Bush. Sicher kein alltägliches Aufeinandertreffen und auf jeden Fall einen Schnappschuss wert.

So einmalig das Bild der vier so unterschiedlichen Charaktere auch sein mag, Morgan Freemans Anekdote dazu ist noch besser.

Wie sich im Nachhinein herausstellt, ist dem Schauspieler gar nicht bewusst, dass er den ganzen Abend neben Prinz Harry sitzt. Für ihn ist der rothaarige Kerl neben ihm einfach nur ein gut aussehender junger Mann mit einem großartigen Platz. Die beiden werden einander zwar vorgestellt, jedoch verzichtet der Prinz auf all seine Titel und Insignien, und so lernt Morgan Freeman einfach nur jemanden mit dem Namen Harry kennen. Michelle Obama und George W. Bush kennt er bereits von früheren Begegnungen. Das Ganze ist keine große Sache für den Schauspieler, der sich mit einer Leichtigkeit in der High Society bewegt wie kaum ein anderer.

Als er später hinter der Bühne auf seine Begegnung mit dem Prinzen angesprochen wird, weiß er erst nicht, wovon die Rede ist. Doch dann dämmert es ihm. Er saß nicht nur neben dem Initiator der Sportveranstaltung, sondern auch neben einem waschechten und weltberühmten Prinzen. Und Freeman hat ihn nicht erkannt.

Ganz schön peinlich – oder auch witzig. Und wer weiß, vielleicht wünscht sich Harry ja öfter mal, nicht erkannt zu werden.

Die Popcorndiebin

Im September 2017 finden die *Invictus Games* zum dritten Mal statt. Der Austragungsort der Spiele ist Toronto. Wie es sich gehört, ist Prinz Harry mitten im Geschehen. Ob als Organisator, Teilnehmer oder Zuschauer, Hauptsache His Royal Highness ist dabei, um die Athleten zu motivieren, zu unterstützen und anzufeuern.

Die mit Sicherheit zauberhafteste Szene der ganzen Spiele ereignet sich beim Sitzvolleyball-Halbfinale zwischen dem Vereinigten Königreich und Dänemark. Und zwar abseits des Spielfelds. Während Harry als Zuschauer auf der Tribüne sitzt und sich angeregt mit seinem Nachbarn unterhält, greift das kleine Mädchen zu seiner Rechten immer wieder in Harrys Popcorntüte und stibitzt etwas von der leckeren Süßigkeit. Der Prinz scheint so in sein Gespräch vertieft, dass er die kleine Popcorndiebin gar nicht bemerkt. Ganz unschuldig sitzt sie da und schnappt sich unauffällig einen Happen nach dem anderen. Es vergeht eine ganze Weile, bis der Prinz der Kleinen auf die Schliche kommt.

Wie man Harry kennt, reagiert er sehr liebevoll und mit viel Humor. Zuerst zieht er die Popcorntüte weg und bringt sie so außer Reichweite des Mädchens. Doch es ist nur ein kleiner Scherz. Gut gelaunt fängt er an, die Kleine zu füttern und ihr Grimassen zu schneiden. Er bietet ihr ein Stück Popcorn an, steckt es sich aber selber in den Mund, sobald sie danach greift. So haben die beiden eine Weile ihren Spaß und sorgen für ganz wunderbare Aufnahmen, die das Herz eines jeden Zuschauers höher schlagen lassen.

Die Zweijährige ist übrigens keine Unbekannte. Sie heißt Emily und ist die Tochter von Harrys Freund David Henson und dessen Frau Hayley.

Manch einer behauptet zwar, der Prinz habe das süße Mädchen mit den langen Fingern schon die ganze Zeit bemerkt und nur so getan, als würde er nichts sehen. Das raubt den putzigen Bildern aber nichts von ihrem Glanz.

Harry und Meghan

Nachdem der Prinz bereits eine ganze Weile solo ist, begegnet er im Juli 2016 der US-amerikanischen Schauspielerin Meghan Markle. Das Treffen ist kein Zufall, vielmehr ein von einem gemeinsamen Freund arrangiertes »Blind Date« der beiden.

Wer in diesem besonderen Fall die Rolle des königlichen Kupplers übernommen hat, ist nicht zweifelsfrei geklärt. Infrage kommen die Modedesignerin Mischa Nonoo, die Stylistin Jessica Mulroney, Violet von Westenholz und Marcus Anderson. In einem BBC-Interview lässt Miss Markle zwar einen dezenten Hinweis fallen, der zumindest Marcus Anderson aus dem Rennen werfen dürfte, die Identität der Kupplerin ist damit aber nicht offengelegt.

Aber es geht auch nicht vorrangig um die Frage, wer Harry und Meghan zusammengebracht hat. Viel wichtiger ist die Tatsache, dass es beim ersten Treffen der beiden gleich richtig gefunkt hat.

Dabei ist Meghan völlig anders als ihre Vorgängerinnen. Allein die äußerlichen Unterschiede zu Chelsy Davy und Cressida Bonas, die beide blonde junge Damen sind, könnten kaum größer sein. Meghan ist eine umwerfend schöne, dunkelhaarige Frau mit afroamerikanischen Wurzeln, damit ein absolutes Novum als Royal Girlfriend.

Diesen offensichtlichen Unterschied greift die Regenbogenpresse dankbar auf, seit sie von Harrys neuer Partnerin weiß, und äußert sich entsprechend ungalant über sie. Der Prinz sieht sich das eine Weile an, dann geht er zum Gegenangriff über und verteidigt Meghan vor Presseangriffen und geschmacklosen Kommentaren im Internet und fordert einen passenden Umgang ihr gegenüber.

Ihren ersten gemeinsamen Auftritt in der Öffentlichkeit haben die beiden während der *Invictus Games* 2016. Da sind sie zwar noch nicht offiziell zusammen, doch man sieht an den Zärtlichkeiten, die sie austauschen, bereits, wie nahe sich der Prinz und die Schauspielerin stehen.

Im November desselben Jahres bestätigt Prinz Harry offiziell, dass er und Meghan ein Paar sind. Auch Thronfolger Prinz William gibt den beiden seinen Segen, und die Queen höchstpersönlich zeigt sich zufrieden mit Harrys Partnerwahl.

Harry weiß ohnehin vom ersten Moment an, dass Meghan die Richtige für ihn ist. Somit dürfte der nächsten königlichen Hochzeit kaum etwas im Wege stehen.

Der Antrag

Wie macht ein echter Prinz seiner Angebeteten einen Antrag? Versucht er, seine Herzensdame mit tausend weißen Tauben zu beeindrucken? Kommt er auf einem Schimmel geritten und hält voller Leidenschaft um ihre Hand an? Oder wählt er einen anderen, noch pompöseren Auftritt? Wählt er den passenden Moment, während die beiden auf seiner Jacht in romantischer Zweisamkeit durch die Karibik schippern? Oder nutzt er die Magie der Polarlichter während ihres Trips nach Tromsø?

All das könnte Prinz Harry wohl mit Leichtigkeit in die Tat umsetzen. Doch wer sich ein bisschen mit dem Prinzen beschäftigt, weiß: Harry ist kein Fan von Glanz und Glamour. Als Royal ist Luxus ein Teil seines Lebens. Aber er definiert sich nicht darüber. Sicherlich hätten sich dem Prinzen während der gemeinsamen Reisen nach Afrika oder Norwegen etliche romantische Gelegenheiten geboten, seiner Herzensdame einen Antrag zu machen.

Doch der humorvolle Prinz entscheidet sich gegen den Sternenhimmel Botswanas und hält stattdessen, während die beiden gemeinsam ein Abendessen kochen, um Meghans Hand an.

Der Prinz und seine Freundin sind zu diesem Zeitpunkt bereits seit eineinhalb Jahren ein Paar. Sie befinden sich in Harrys Küche in Nottingham Cottage und versuchen, ein Brathähnchen zuzubereiten, so erzählen sie es in einem Interview. Bei diesem Kochversuch kniet Harry auf einmal vor Meghan nieder und fragt sie, ob sie seine Frau werden möchte.

Damit hat die Schauspielerin offensichtlich nicht gerechnet, denn sie bezeichnet den Antrag im Nachhinein als süße und romantische Überraschung. Über ihre Antwort muss sie aber schon im Vorfeld nachgedacht haben. So wie die beiden den Moment beschreiben, ist Meghan so aufgeregt, dass sie es nicht einmal bis zum Ende von Harrys Antrag aushält. So sagt sie Ja, ehe der Prinz zu Ende gesprochen hat – und schon liegen sich beide glücklich in den Armen.

Den Verlobungsring hat Harry selbst entworfen. Er besteht aus Gelbgold, einem Diamanten aus Botswana sowie zwei Diamanten aus der Schmucksammlung von Lady Di. Der reine Materialwert beläuft sich auf schätzungsweise

50 000 US-Dollar (etwa 40 000 Euro). Da es sich jedoch um einen königlichen Verlobungsring handelt, schätzen Experten das Kleinod auf einen Sammlerwert von 500 000 bis 1 000 000 Dollar (circa 400 000 bis 800 000 Euro).

Die königliche Hochzeit

Der Prinz ist verlobt, der Segen ist gegeben. Nun erwartet die ganze Welt den Tag der königlichen Hochzeit. Als Heiratsdatum haben Harry und Meghan den 19. Mai 2018 gewählt. Damit kollidiert das spektakuläre Ereignis mit dem Finale des FA Cups, einem der Höhepunkte der englischen Fußballsaison.

Zum Glück stehen sich Hochzeit und Fußballspiel nicht wirklich im Weg. Die Zeremonie soll nämlich bereits um die Mittagszeit beginnen, während das Pokalfinale für gewöhnlich am frühen Abend startet.

Mit diesem Zeitplan dürften sowohl die Fußballfans als auch die Anhänger der königlichen Familie voll auf ihre Kosten kommen. Gut möglich, dass auch Prinz Harry das Finale des FA Cups nicht verpassen möchte. Schließlich ist der Prinz genau wie sein Bruder ein echter Fußballfan.

Normalerweise käme Prinz William in seiner Funktion als Herzog von Cambridge die Aufgabe zu, der Gewinnermannschaft nach dem Match den FA-Pokal zu überreichen. Da er an diesem Tag aber aller Wahrscheinlichkeit nach der Trauzeuge seines Bruders sein wird, muss die englische Fußballwelt wohl Ersatz für William finden.

Dessen ungeachtet freuen sich nicht nur ihre Untertanen auf den großen Tag. Auch Meghan und Harry sind bereits aufgeregt und voller Vorfreude auf ihre Hochzeit. Wie es einer königlichen Hochzeit gebührt, ist das Ereignis bereits jetzt streng durchorganisiert.

Die Trauung ist auf die Mittagsstunde angesetzt. Und natürlich wird niemand Geringerer den Prinzen und seine Frau vermählen als der Erzbischof von Canterbury Justin Welby. Nach der Zeremonie zeigt sich das frisch gebackene Brautpaar seinem Volk dann im Rahmen einer ausgiebigen Kutschfahrt durch London. Ziel der Fahrt ist das Schloss Windsor, wo die Feierlichkeiten in der St. George's Hall fortgesetzt werden. Am Abend empfängt Prinz Charles das Brautpaar im engen Kreis von Familie und Freunden.

Alles Weitere wird sich in den kommenden Wochen und Monaten zeigen. Wo Harry und Meghan ihre Flitterwochen verbringen werden, ist noch nicht bekannt. Vermutlich möchten sie ihre Pläne diesbezüglich auch geheim halten. Es kommen bestimmt einige afrikanische Länder infrage, denn sowohl Harry als auch Meghan sind von Afrika fasziniert. Letzten Endes wollen sie die gemeinsame Zeit aber wohl so unbeobachtet wie möglich verbringen. Ohne Presse und Fotografen. Nur zwei Liebende in ihrer Zweisamkeit.

In diesem Sinne bleibt nur noch, Harry und Meghan eine wundervolle Hochzeit, unvergessliche Flitterwochen und eine lange und glückliche Ehe zu wünschen.

Quellennachweis

Ein Prinz ist geboren

Harry at 30 Documentary
https://www.youtube.com/watch?v=8KgzATFR0As
Stand: 03.09.2014 / Aufgerufen am: 27.02.2018

Harry der Kämpfer

Harry at 30 Documentary
https://www.youtube.com/watch?v=8KgzATFR0As
Stand: 03.09.2014 / Aufgerufen am: 27.02.2018

Wasserschlacht

Harry at 30 Documentary
https://www.youtube.com/watch?v=8KgzATFR0As
Stand: 03.09.2014 / Aufgerufen am: 27.02.2018

Princess Diana's visits to Thorpe Park
http://www.memoriesofthorpepark.co.uk/princessdiana.html
aufgerufen am: 21.01.2018 / Aufgerufen am: 27.02.2018

Der Prinz, ein Kuckuckskind?

The day Charles told Harry that Hewitt was not his father: It was the hardest conversation of his life ... but the Prince had to end the gossip (von Chris Hutchins)
http://www.dailymail.co.uk/femail/article-2306021/The-day-Prince-Charles-told-Harry-James-Hewitt-father-end-cruel-gossip.html
Stand: 08.04.2013 / Aufgerufen am: 27.02.2018

Darum kann Prinz Harry nicht der Sohn von James Hewitt sein (von Catrin Bartenbach)
https://www.stern.de/lifestyle/leute/darum-kann-prinz-harry-nicht-der-sohn-von-hewitt-sein-7004356.html
Stand: 11.08.2016 / Aufgerufen am: 27.02.2018

Reitlehrer offenbart Details der Affäre mit Lady Diana
https://www.welt.de/vermischtes/article162790856/Reitlehrer-offen-bart-Details-der-Affaere-mit-Lady-Diana.html (19.02.2018)
Stand: 13.03.2017 / Aufgerufen am: 27.02.2018

Ende der Kindheit
Harry at 30 Documentary
   https://www.youtube.com/watch?v=8KgzATFR0As
   Stand: 03.09.2014 / Aufgerufen am: 27.02.2018

»Gott, was für ein trauriger Mann«
   https://www.welt.de/vermischtes/article165407573/Gott-was-fuer-ein-
   trauriger-Mann.html
   Stand: 10.06.2017 / Aufgerufen am: 27.02.2018

Trauer
Harry at 30 Documentary
   https://www.youtube.com/watch?v=8KgzATFR0As
   Stand: 03.09.2014 / Aufgerufen am: 27.02.2018

Ein Kuss von Baby Spice
Harry at 30 Documentary
   https://www.youtube.com/watch?v=8KgzATFR0As
   Stand: 03.09.2014 / Aufgerufen am: 27.02.2018

Harry's a real hit with Spice Girls
   http://news.bbc.co.uk/2/hi/19914.stm
   Stand: 02.11.1997 / Aufgerufen am: 27.02.2018

South Africa: Prince Harry's First Appearance Since Funeral
   http://www.aparchive.com/metadata/SOUTH-AFRICA-PRINCE-HARRY-
   S-FIRST-PUBLIC-APPEARANCE-SINCE-FUNERAL/02b53c1765d3f2654
   40fe5ffd622b43a?searchfilter=Compilations%2Fpeople%2FPrince+Willi-
   am+%26+Harry%2F19617
   Stand: 01.11.1997 / Aufgerufen am: 27.02.2018

Die wilden Jahren
Prince Harry sent to drugs clinic
   http://news.bbc.co.uk/2/hi/uk_news/1757448.stm
   Stand: 13.01.2002 / Aufgerufen am: 27.02.2018

Long summer at Highgrove when the ›home-alone‹ prince discovered drugs
(von Caroline Davies)
   http://www.telegraph.co.uk/news/uknews/1381375/Long-summer-at-
   Highgrove-when-the-home-alone-Prince-discovered-drugs.html
   Stand: 14.01.2002 / Aufgerufen am: 27.02.2018

Harry at 30 Documentary
   https://www.youtube.com/watch?v=8KgzATFR0As
   Stand: 03.09.2014 / Aufgerufen am: 27.02.2018

Der Prinz und die Paparazzi

Prince Harry hit in paparazzi scuffle (von Owen Gibson)
  https://www.theguardian.com/media/2004/oct/21/pressandpublishing.
  themonarchy
  Stand: 21.10.2004 / Aufgerufen am: 27.02.2018

Prince Harry in nightclub scuffle
  http://news.bbc.co.uk/2/hi/uk_news/3762200.stm
  Stand: 21.10.2004 / Aufgerufen am: 27.02.2018

Mogelprinz?

Prince Harry, a weak student, who was helped to cheat in exam, says teacher
  (von Steven Morris)
  https://www.theguardian.com/uk/2005/may/10/schools.alevels2004
  Stand: 10.05.2005 / Aufgerufen am: 27.02.2018

£ 45,000 damages for teacher who accused Harry of cheating (von Jaqueline Maley)
  https://www.theguardian.com/uk/2006/feb/14/schools.publicschools
  Stand: 14.02.2006 / Aufgerufen am: 27.02.2018

10 Times Prince Harry EMBARRASSED The Royal Family
  https://www.youtube.com/watch?v=3vve6XRCsB8
  Stand: 09.12.2017 / Aufgerufen am: 27.02.2018

Griff ins Klo

Royal family caught up in Nazi row (von Sam Jones)
  https://www.theguardian.com/media/2005/jan/13/royalsandthemedia.
  pressandpublishing
  Stand: 13.01.2005 / Aufgerufen am: 27.02.2018

10 Times Prince Harry EMBARRASSED The Royal Family
  https://www.youtube.com/watch?v=3vve6XRCsB8
  Stand: 09.12.2017 / Aufgerufen am: 27.02.2018

Ein Prinz im vergessenen Königreich

The Forgotten Kingdom: Prince Harry in Lesotho
  https://www.youtube.com/watch?v=7sGDFah2IG8
  Stand: 18.08.2015 / Aufgerufen am: 27.02.2018

Harry at 30 Documentary
  https://www.youtube.com/watch?v=8KgzATFR0As
  Stand: 03.09.2014 / Aufgerufen am: 27.02.2018

Harry der Traumprinz

When Harry met Chelsy (von Olga Craig)
http://www.telegraph.co.uk/comment/3642717/When-Harry-met-Chelsy.html
Stand: 16.09.2007/ Aufgerufen am: 27.02.2018

Chelsy Davy: Wild about Harry (von Cahal Milmo)
http://www.independent.co.uk/news/people/profiles/chelsy-davy-wild-about-harry-357778.html
Stand: 14.04.2006 / Aufgerufen am: 27.02.2018

Are Prince Harry and Chelsy Davy rekindling their romance? (von Anna Pukas)
https://www.express.co.uk/news/royal/603955/Prince-Harry-Chelsy-Davy-back-together
Stand: 09.09.2015 / Aufgerufen am: 27.02.2018

Harry at 30 Documentary
https://www.youtube.com/watch?v=8KgzATFR0As
Stand: 03.09.2014 / Aufgerufen am: 27.02.2018

Der Prinz im Dienste Seiner Majestät

Prince Harry's Military career
https://www.royal.uk/prince-harrys-military-career
aufgerufen am: 24.01.2018 / Aufgerufen am: 27.02.2018

Prince Harry is appointed Captain General Royal Marines
https://www.royal.uk/prince-harry-appointed-captain-general-royal-marines
Stand: 19.03.2017 / Aufgerufen am: 27.02.2018

Prince Harry
https://en.wikipedia.org/wiki/Prince_Harry#Honours
Stand: 24.01.2018 / Aufgerufen am: 27.02.2018

Queen appoints Prince Harry to take over from his grandfather Philip as the Captain General of the Royal Marines (von Mark Duell)
http://www.dailymail.co.uk/news/article-5195071/Queen-makes-Harry-Captain-General-of-Royal-Marines.html
Stand: 19.12.2017 / Aufgerufen am: 27.02.2018

Große Gefühle

Prince Harry's Tribute to Diana
https://www.youtube.com/watch?v=3bbYyvuyYj0
Stand: 31.08.2007 / Aufgerufen am: 27.02.2018

Männerliebe

Prince Harry's 9 most controversial moments (von Lauren Yapalater)
  https://www.buzzfeed.com/lyapalater/prince-harrys-9-most-controversial-
  moments?utm_term=.gyR1nMaM5#.cuxPXgmgl
  Stand: 22.08.2012 / Aufgerufen am: 27.02.2018

Prince Harry EMBARRASSED The Royal Family
  https://www.youtube.com/watch?v=3vve6XRCsB8
  Stand: 09.12.2017 / Aufgerufen am: 27.02.2018

Dirty Harry – ein letzter Ausrutscher?

10 Gründe, warum Prinz Harry ein Traummann ist (von Marie Hettich)
  http://www.friday-magazine.ch/de/2017/12/04/id-10-gruende-warum-
  prinz-harry-ein-traummann-ist-13859.html
  Stand: 04.12.2017 / Aufgerufen am: 27.02.2018

Well, they do call it close protection: Prince Harry pictured in Las Vegas
  pool party jacuzzi with a VERY relaxed bodyguard (who failed to stop girl
  taking naked snaps) (von Martin Robinson and Emma Reynolds)
  http://www.dailymail.co.uk/news/article-2194207/Intimate-pictures-
  Prince-Harrys-wild-weekend-Vegas.html
  Stand: 27.08.2012 / Aufgerufen am: 27.02.2018

Zweiter Anlauf

Harry at 30 Documentary
  https://www.youtube.com/watch?v=8KgzATFR0As
  Stand: 03.09.2014 / Aufgerufen am: 27.02.2018

When Harry Met Cressy: Who is Cressida Bonas, when did she date Prince
  Harry, what is her net worth and how many siblings does she have?
  (von George Harrison und Joanne Kavanagh)
  https://www.thesun.co.uk/tvandshowbiz/4989302/cressida-bonas-prince-
  harry-ex-net-worth-siblings-instagram-post/
  Stand: 29.11.2017 / Aufgerufen am: 27.02.2018

Der Liebling des Volkes

Harry at 30 Documentary
  https://www.youtube.com/watch?v=8KgzATFR0As
  Stand: 03.09.2014 / Aufgerufen am: 27.02.2018

Prince Harry faces animal cruelty claim over polo pony's stab wound from his
spur (von Nick Fagge)
http://www.dailymail.co.uk/news/article-1308528/Prince-Harry-faces-
animal-cruelty-claim-polo-ponys-stab-wound-spur.html
Stand: 03.09.2010 / Aufgerufen am: 27.02.2018

Harry der Botschafter

Prince Harry ›choked up‹ by Commonwealth Jubilee tour
http://www.bbc.com/news/uk-17335348
Stand: 11.03.2012 / Aufgerufen am: 27.02.2018

Harry at 30 Documentary
https://www.youtube.com/watch?v=8KgzATFR0As
Stand: 03.09.2014 / Aufgerufen am: 27.02.2018

Der schnellste Mann der Welt

Prince Harry jumps the gun to beat Usain Bolt
https://www.youtube.com/watch?v=5LRWoiLEzx0
Stand: 06.03.2012 / Aufgerufen am: 27.02.2018

Prince harry ›jumps the gun‹ to beat sprinter Usain Bolt during race in Jamaica
http://www.telegraph.co.uk/news/uknews/prince-harry/9126554/Prince-
Harry-jumps-the-gun-to-beat-sprinter-Usain-Bolt-during-race-in-Jamaica.html
Stand: 06.03.2012 / Aufgerufen am: 27.02.2018

Who will go to Prince Harry's stag do? Celebs among 33,000 people who SAY
they're going (von Rebecca Perring)
https://www.express.co.uk/news/royal/885337/Meghan-Markle-Prince-
Harry-stag-do-royal-engagement-wedding-latest-news
Stand: 29.11.2017 / Aufgerufen am: 27.02.2018

Harry at 30 Documentary
https://www.youtube.com/watch?v=8KgzATFR0As
Stand: 03.09.2014 / Aufgerufen am: 27.02.2018

Scharfschütze Harry

Prince Harry: I've killed in Afghanistan. But Dad wants me to act like a prince
(von Nick Hopkins und Caroline Davies)
https://www.theguardian.com/uk/2013/jan/21/prince-harry-afghanistan
Stand: 21.01.2013 / Aufgerufen am: 27.02.2018

Taliban retaliate after Prince Harry compares fighting to a video game
(von Jon Boone)
https://www.theguardian.com/uk/2013/jan/22/afghanistan-taliban-response-prince-harry
Stand: 22.01.2013 / Aufgerufen am: 27.02.2018

Prince Harry in Jamaica
https://www.youtube.com/watch?v=1ieiz8QcGYY
Stand: 08.03.2012 / Aufgerufen am: 27.02.2018

Der Prinz und die Queen

Harry at 30 Documentary
https://www.youtube.com/watch?v=8KgzATFR0As
Stand: 03.09.2014 / Aufgerufen am: 27.02.2018

The Queen parachutes into Olympics with James Bond in acting debut
(von Jacquelin Magnay)
http://www.telegraph.co.uk/sport/olympics/9433832/The-Queen-parachutes-into-Olympics-with-James-Bond-in-acting-debut.html
Stand: 27.07.2012 / Aufgerufen am: 27.02.2018

James Bond and the Queen London 2012 Performance
https://www.youtube.com/watch?v=1AS-dCdYZbo
Stand: 27.07.2012 / Aufgerufen am: 27.02.2018

Walking With The Wounded

Prince Harry's North Pole trek getting under way
http://www.bbc.com/news/uk-12980306
Stand: 06.04.2011 / Aufgerufen am: 27.02.2018

Prince Harry and team arrive at South Pole
http://www.bbc.com/news/uk-25354839
Stand: 13.12.2012 / Aufgerufen am: 27.02.2018

Harry at 30 Documentary
https://www.youtube.com/watch?v=8KgzATFR0As
Stand: 03.09.2014 / Aufgerufen am: 27.02.2018

Der Prinz und der Ziegenbock

Hoofing around: Prince Harry pets ›Goat Major‹ on Zulu red carpet
(von Felicity Thistlethwait)
https://www.express.co.uk/news/royal/481532/Prince-Harry-pets-Goat-Major-on-Zulu-red-carpet
Stand: 10.06.2014 / Aufgerufen am: 27.02.2018

Verrücktes Date: Prinz Harry »flirtet« mit Ziege (von Lena)
https://www.promiflash.de/news/2014/06/11/verruecktes-date-prinz-harry-flirtet-mit-ziege.html
Stand: 11.06.2014 / Aufgerufen am: 27.02.2018

Prince Harry meets goat called Shenkin at Zulu screening
https://www.youtube.com/watch?v=2qwf1SLi62k
Stand: 11.06.2014 / Aufgerufen am: 27.02.2018

Invictus

Harry's speech at the opening ceremony of the Invictus Games
https://www.youtube.com/watch?v=Im-5ey1-siY
Stand: 11.09.2014 / Aufgerufen am: 27.02.2018

Harry at 30 Documentary
https://www.youtube.com/watch?v=8KgzATFR0As
Stand: 03.09.2014 / Aufgerufen am: 27.02.2018

Der Prinz, die Polizei und ein Taxi

Harry in high-speed crash drama: Prince's shock as his motorbike outrider
smashes head-on into mini-cab en route to Invictus Games (von Rebecca
English, Arthur Martin und Emine Sinmaz)
http://www.dailymail.co.uk/news/article-2752691/Harry-crash-drama-Prince-s-shock-motorbike-outrider-smashes-head-on-taxi.html
Stand: 11.09.2014 / Aufgerufen am: 27.02.2018

Prince Harry shocked as motorbike outrider smashes head-on into a taxi
(von Keith Perry)
http://www.telegraph.co.uk/news/uknews/prince-harry/11091127/Prince-Harry-shocked-as-motorbike-outrider-smashes-head-on-into-taxi.html
Stand: 11.09.2014 / Aufgerufen am: 27.02.2018

Der 30. Geburtstag

Prince Harry Finally Gets That 30th-Birthday Bash (von Katie Nicholl)
https://www.vanityfair.com/news/2014/09/prince-harry-30th-birthday-bash
Stand: 17.11.2018 / Aufgerufen am: 27.02.2018

Prince Harry marks 30th Birthday with post-Invictus Games beer
https://www.theguardian.com/uk-news/2014/sep/15/prince-harry-30th-birthday-invictus-games
Stand: 15.11.2014 / Aufgerufen am: 27.02.2018

Währungsrechner Britische Pfund – Euro (GBP in EUR)
https://www.finanzen.net/waehrungsrechner/britische-pfund_euro
Aufgerufen am: 07.02.2018

Crème de la Crème

Morgan Freeman Didn't Realize He Met Prince Harry
   https://www.youtube.com/watch?v=qv_sYpXDeuI
   Stand: 05.08.2016 / Aufgerufen am: 27.02.2018

Morgan Freeman Has the Most Hilarious Story About ›Meeting‹ Prince Harry
   (von Alex Marin)
   http://content.whosay.com/articles/15791-morgan-freeman-prince-harry
   Stand: 05.08.2016 / Aufgerufen am: 27.02.2018

Die Popcorndiebin

Adorable Toddler ›Steals‹ Prince Harry's Popcorn And All Our Hearts
   https://www.huffingtonpost.com/entry/prince-harry-popcorn-toddler-
   invictus-games_us_59ccce38e4b0210dfdfc42b9
   Stand: 28.09.2017 / Aufgerufen am: 27.02.2018

Harry und Meghan

When Prince Harry met Meghan Markle – a royal romance (von Megan Fisher)
   http://www.bbc.com/news/uk-41400743
   Stand: 27.11.2017 / Aufgerufen am: 27.02.2018

Wait, So Who Actualls Set Up Harry and Meghan Markle? (von Josh Duboff)
   https://www.vanityfair.com/style/2017/11/prince-harry-meghan-markle-
   matchmaker-misha-nonoo
   Stand: 29.11.2017 / Aufgerufen am: 27.02.2018

A Definitive History of Prince Harry and Meghan Markle's Royal Relationship
   (von Morgan Evans)
   http://www.townandcountrymag.com/society/a9664508/prin-
   ce-harry-meghan-markle-relationship/
   Stand: 24.01.2018 / Aufgerufen am: 27.02.2018

Cupid, unmasked! Barons daughter and long-time friend of Prince Harry is
   ›confirmed as the matchmaker‹ who first set him up with Meghan Markle
   (von Alex Robertson und Carly Stern)
   http://www.dailymail.co.uk/femail/article-5309313/Violet-von-Westen-
   holz-introduced-Prince-Harry-Meghan.html
   Stand: 24.01.2018 / Aufgerufen am: 27.02.2018

Der Antrag

How Did Prince Harry Propose To Meghan Markle? The Story Is So Intimate &
Romantic (von Jamie LeeLo)
https://www.elitedaily.com/p/how-did-prince-harry-propose-to-meghan-
markle-the-story-is-so-intimate-romantic-5949188
Stand: 27.11.2017 / Aufgerufen am: 27.02.2018

Full Interview: Prince Harry and Meghan Markle – BBC News
https://www.youtube.com/watch?v=LQicq60aJaw
Stand: 27.11.2017 / Aufgerufen am: 27.02.2018

Meghan Markle Just Gave Us Another Close-Up Look at Her Gorgeous Engagement Ring (von Caroline Hallemann)
http://www.townandcountrymag.com/society/tradition/a13090749/meg-
han-markle-engagement-ring/
Stand: 09.01.2018 / Aufgerufen am: 27.02.2018

Währungsrechner: Dollar – Euro (USD in EUR)
https://www.finanzen.net/waehrungsrechner/us-dollar_euro
aufgerufen am: 14.02.2018

Die königliche Hochzeit

Prince Harry and Meghan Markle reveal royal wedding details
https://www.theguardian.com/uk-news/2018/feb/12/prin-
ce-harry-and-meghan-markle-reveal-royal-wedding-details
Stand: 12.02.2018 / Aufgerufen am: 27.02.2018